"十三五"全国高等院校民航服务专业规划教材

民航服务艺术概论

主 编◎曹娅丽　　许 赟

副主编◎邸莎若拉　高 山　李屹然

Introduction to
Civil Aviation Service Art

清华大学出版社

北京

内 容 简 介

民航服务艺术展示的是一个多元、多层次的人文关怀的世界。本书旨在阐述在现代化进程中民航业服务的艺术特性，特别指出民航服务是一门艺术，它主要包含语言美、表情美、仪态美和心灵美等。本书主要由七部分组成，主要内容包括民航服务艺术概述、民航服务的种类及艺术特性、民航服务的语言艺术、民航服务的表情艺术、民航服务的仪态艺术、民航服务的心灵艺术、民航服务的艺术功能与艺术教育。

本书可作为空中乘务和航空服务艺术与管理专业的教材，也可作为航空公司的培训教材，还可作为相关空中乘务人员的参考资料。

图书在版编目（CIP）数据

民航服务艺术概论 / 曹娅丽，许赟主编. —北京：清华大学出版社，2020.5
"十三五"全国高等院校民航服务专业规划教材
ISBN 978-7-302-55170-6

Ⅰ. ①民…　Ⅱ. ①曹…　②许…　Ⅲ. ①民航运输－旅客运输－商业服务－高等学校－教材　Ⅳ. ①F560.9

中国版本图书馆 CIP 数据核字（2020）第 049905 号

责任编辑：杜春杰
封面设计：刘　超
版式设计：文森时代
责任校对：马军令
责任印制：沈　露

出版发行：清华大学出版社
　　　　网　　　址：http://www.tup.com.cn，http://www.wqbook.com
　　　　地　　　址：北京清华大学学研大厦 A 座　　　　邮　　编：100084
　　　　社 总 机：010-62770175　　　　邮　　购：010-62786544
　　　　投稿与读者服务：010-62776969，c-service@tup.tsinghua.edu.cn
　　　　质量反馈：010-62772015，zhiliang@tup.tsinghua.edu.cn
印 装 者：三河市金元印装有限公司
经　　销：全国新华书店
开　　本：185mm×260mm　　　印　　张：11.25　　　字　　数：238 千字
版　　次：2020 年 6 月第 1 版　　　印　　次：2020 年 6 月第 1 次印刷
定　　价：45.00 元

产品编号：081529-01

"十三五"全国高等院校民航服务专业规划教材
丛书主编及专家指导委员会

丛 书 总 主 编　刘　永（北京中航未来科技集团有限公司董事长兼总裁）

丛 书 副 总 主 编　马晓伟（北京中航未来科技集团有限公司常务副总裁）

丛 书 副 总 主 编　郑大地（北京中航未来科技集团有限公司教学副总裁）

丛 书 总 主 审　朱益民（原海南航空公司总裁、原中国货运航空公司总裁、原上海航空公司总裁）

丛 书 英 语 总 主 审　王　朔（美国雪城大学、纽约市立大学巴鲁克学院双硕士）

丛 书 总 顾 问　沈泽江（原中国民用航空华东管理局局长）

汪光弟（原上海虹桥国际机场副总裁）

丛 书 总 执 行 主 编　王益友［江苏民航职业技术学院（筹）院长、教授］

丛 书 艺 术 总 顾 问　万峻池（美术评论家、著名美术品收藏家）

丛书总航空法律顾问　程　颖（荷兰莱顿大学国际法研究生、全国高职高专"十二五"规划教材《航空法规》主审、中国东方航空股份有限公司法律顾问）

丛书专家指导委员会主任

关云飞（长沙航空职业技术学院教授）

张树生（国务院津贴获得者，山东交通学院教授）

刘岩松（沈阳航空航天大学教授）

宋兆宽（河北传媒学院教授）

姚　宝（上海外国语大学教授）

李剑峰（山东大学教授）

孙福万（国家开放大学教授）

张　威（沈阳师范大学教授）

成积春（曲阜师范大学教授）

"十三五" 全国高等院校民航服务专业规划教材编委会

出 版 说 明

　　随着经济的稳步发展，我国已经进入经济新常态的阶段，特别是十九大指出：当前中国社会的主要矛盾已经转化为人民日益增长的美好生活需要和不平衡不充分的发展之间的矛盾，这客观上要求社会服务系统要完善升级。作为公共交通运输的主要组成部分，民航运输在满足人们对美好生活的追求和促进国民经济发展中扮演着重要的角色，具有广阔的发展空间。特别是"十三五"期间，国家高度重视民航业的发展，将民航业作为推动我国经济社会发展的重要战略产业，预示着我国民航业将会有更好、更快的发展。从国产化飞机 C919 的试飞，到宽体飞机规划的出台，以及民航发展战略的实施，标志着我国民航业已经步入崭新的发展阶段，这一阶段的特点是以人才为核心，而这一发展模式必将进一步对民航人才质量提出更高的要求。面对民航业发展对人才培养提出的挑战，培养服务于民航业发展的高质量人才，不仅需要转变人才培养观念，创新教育模式，更需要加强人才培养过程中基本环节的建设，而教材建设就是其首要的任务。

　　我国民航服务专业的学历教育，经过 18 年的探索与发展，其在办学水平、办学结构、办学规模、办学条件和师资队伍等方面都发生了巨大的变化，专业建设水平稳步提高，适应民航发展的人才培养体系初步形成。但我们应该清醒地看到，目前我国民航服务类专业的人才培养仍存在着诸多问题，特别是专业人才培养质量仍不能适应民航发展对人才的需求，人才培养的规模与高质量人才短缺的矛盾仍很突出。而目前相关专业教材的开发还处于探索阶段，缺乏系统性与规范性。已出版的民航服务类专业教材，在吸收民航服务类专业研究成果方面做出了有益的尝试，涌现出不同层次的系列教材，推动了民航服务的专业建设与人才培养，但从总体来看，民航服务类教材的建设仍落后于民航业对专业人才培养的实践要求，教材建设已成为相关人才培养的瓶颈。这就需要我们以引领和服务专业发展为宗旨，系统总结民航服务实践经验与教学研究成果，开发全面反映民航服务职业特点、符合人才培养规律和满足教学需要的系统性专业教材，积极有效地推进民航服务专业人才的培养工作。

　　基于上述思考，编委会经过两年多的实际调研与反复论证，在广泛征询民航业内专家的意见与建议、总结我国民航服务类专业教育的研究成果后，结合我国民航服务业的发展趋势，致力于编写出一套系统的、具有一定权威性和实用性的民航服务类系列教材，为推进我国民航服务人才的培养尽微薄之力。

　　本系列教材由沈阳航空航天大学、南昌航空大学、郑州航空工业管理学院、上海民航职业技术学院、长沙航空职业技术学院、西安航空职业技术学院、中原工学院、上海外国语大学、山东大学、大连外国语大学、沈阳师范大学、曲阜师范大学、湖南艺术职业学院、陕西师范大学、兰州大学、云南大学、四川大学、湖南民族职业学院、江西青年职业学院、天津交通职业学院、潍坊职业学院、南京旅游职业学院等多所高校的众多资深专家和学者共同打造，还邀请了多名原中国东方航空公司、原中国南方航空公司、原中国国际航空公司和原海南航空公司中从事多年乘务工作的乘务长和乘务员参与教材的编写。

目前，我国民航服务类的专业教育呈现着多元化、多层次的办学格局，各类学校的办学模式也呈现出个性化的特点，在人才培养体系、课程设置以及课程内容等方面，各学校之间存在着一定的差异，对教材也有不同的需求。为了能够更好地满足不同办学层次、教学模式对教材的需要，本套教材主要突出以下特点。

第一，兼顾本、专科不同培养层次的教学需要。鉴于近些年我国本科层次民航服务专业办学规模的不断扩大，在教材需求方面显得十分迫切，同时，专科层面的办学已经到了规模化的阶段，完善与更新教材体系和内容迫在眉睫，本套教材充分考虑了各类办学层次的需要，本着"求同存异、个性单列、内容升级"的原则，通过教材体系的科学架构和教材内容的层次化，达到兼顾民航服务类本、专科不同层次教学之需要。

第二，将最新实践经验和专业研究成果融入教材。服务类人才培养是系统性问题，具有很强的内在规定性，民航服务的实践经验和专业建设成果是教材的基础，本套教材以丰富理论、培养技能为主，力求夯实服务基础，培养服务职业素质，将实践层面行之有效的经验与民航服务类人才培养规律的研究成果有效融合，以提高教材对人才培养的有效性。

第三，落实素质教育理念，注重服务人才培养。习近平总书记在党的十九大报告中强调，"要全面贯彻党的教育方针，落实立德树人根本任务，发展素质教育，推进教育公平，培养德智体美全面发展的社会主义建设者和接班人"，人才以德为先，以社会主义价值观铸就人的灵魂，才能使人才担当重任，这也是高校人才培养的基本任务。教育实践表明，素质是人才培养的基础，也是人才职业发展的基石，人才的能力与技能附着在精神与灵魂，但在传统的民航服务教材体系中，包含素质教育板块的教材较为少见。根据党的教育方针，本套教材的编写考虑到素质教育与专业能力培养的关系，以及素质对职业生涯的潜在影响，首次在我国民航服务专业教学中提出专业教育与人文素质并重、素质决定能力的培养理念，以独特的视野，精心打造素质教育教材板块，使教材体系更加系统，强化了教材特色。

第四，必要的服务理论与专业能力培养并重。调研分析表明，忽视服务理论与人文素质所培养出的人才很难有宽阔的职业胸怀与职业精神，其未来的职业生涯发展就会乏力。因此，教材不应仅是对单纯技能的阐述与训练指导，更应该在不淡化专业能力培养的同时，强化行业知识、职业情感、服务机理、职业道德等关系到职业发展潜力的要素的培养，以期培养出高层次和高质量的民航服务人才。

第五，架构适合未来发展需要的课程体系与内容。民航服务具有很强的国际化特点，而我国民航服务的思想、模式与方法也正处于不断创新的阶段，紧紧把握未来民航服务的发展趋势，提出面向未来的解决问题的方案，是本套教材的基本出发点和应该承担的责任。我们力图将未来民航服务的发展趋势、服务思想、服务模式创新、服务理论体系以及服务管理等内容重新进行架构,以期能对我国民航服务人才培养,乃至整个民航服务业的发展起到引领作用。

第六,扩大教材的种类,使教材的选择更加宽泛。鉴于我国目前尚缺乏民航服务专业更高层次办学模式的规范,各学校的人才培养方案各具特点,差异明显,为了使教材更适用于办学的需要,本套教材打破了传统教材的格局,通过课程分割、内容优化和课外外延化等方式,增加了教材体系的课程覆盖面,使不同办学层次、关联专业可以通过教材合理组合,以获得完整的专业教材选择机会。

本套教材规划出版品种大约为四十种,分为:① 人文素养类教材,包括《大学语文》《应用文写作》《艺术素养》《跨文化沟通》《民航职业修养》《中国传统文化》等。② 语言类教材,包括《民航客舱服务英语教程》《民航客舱实用英语口语教程》《民航实用英语听力教程》《民航播音训练》《机上广播英语》《民航服务沟通技巧》等。③ 专业类教材,包括《民航概论》《民航服务概论》《中国民航常飞客源国概况》《民航危险品运输》《客舱安全管理与应急处置》《民航安全检查技术》《民航服务心理学》《航空运输地理》《民航服务法律实务与案例教程》等。④ 职业形象类教材,包括《空乘人员形体与仪态》《空乘人员职业形象设计与化妆》《民航体能训练》等。⑤ 专业特色类教材,包括《民航服务手语训练》《空乘服务专业导论》《空乘人员求职应聘面试指南》《民航面试英语教程》等。

为了开发职业能力,编者联合有关 VR 开发公司开发了一些与教材配套的手机移动端VR 互动资源,学生可以利用这些资源体验真实场景。

本套教材是迄今为止民航服务类专业较为完整的教材系列之一,希望能借此为我国民航服务人才的培养,乃至我国民航服务水平的提高贡献力量。民航发展方兴未艾,民航教育任重道远,为民航服务事业发展培养高质量的人才是各类人才培养部门的共同责任,相信集民航教育的业内学者、专家之共同智慧,凝聚有识之士心血的这套教材的出版,对加速我国民航服务专业建设、完善人才培养模式、优化课程体系、丰富教学内容,以及加强师资队伍建设能起到一定的推动作用。在教材使用的过程中,我们真诚地希望听到业内专家、学者批评的声音,收到广大师生的反馈意见,以利于进一步提高教材的水平。

丛 书 序

《礼记·学记》曰："古之王者，建国君民，教学为先。"教育是兴国安邦之本，决定着人类的今天，也决定着人类的未来。企业发展也大同小异，重视人才是企业的成功之道，别无二选。航空经济是现代经济发展的新趋势，是当今世界经济发展的新引擎。民航是经济全球化的主流形态和主导模式，是区域经济发展和产业升级的驱动力。发展中的中国民航业有巨大的发展潜力，其发展战略的实施必将成为我国未来经济发展的增长点。

"十三五"正值实现我国民航强国战略构想的关键时期，"一带一路"倡议方兴未艾，"空中丝路"越来越宽阔。高速发展的民航运输业需要持续的创新与变革，同时，基于民航运输对安全性和规范性要求比较高的特点，其对人才有着近乎苛刻的要求，只有人才培养先行，夯实人才基础，才能抓住国家战略转型与产业升级的巨大机遇，实现民航运输发展的战略目标。我国民航服务人才发展经历多年的积累，建立了较为完善的民航服务人才培养体系，培养了大量服务民航发展的各类人才，保证了我国民航运输业的高速持续发展。与此同时，我国民航人才培养正面临新的挑战，既要通过教育创新提升人才品质，又需要人才培养过程精细化，把人才培养目标落实到人才培养的过程中，而教材作为专业人才培养的基础，需要先行，以发挥引领作用。教材建设发挥的作用并不局限于专业教育本身，其对行业发展的引领。专业人才培养方向的把握，人才素质、知识、能力结构的塑造以及职业发展潜力的培养具有不可替代的作用。

我国民航运输发展的实践表明，人才培养决定着民航发展的水平，而民航人才的培养需要社会各方面的共同努力。我们惊喜地看到，清华大学出版社秉承"自强不息，厚德载物"的人文精神，发挥品牌优势，投身于民航服务专业系列教材的开发，改变了民航服务教材研发的格局，体现了其对社会责任的担当。

本套教材组织严谨，精心策划，高屋建瓴，深入浅出，具有突出的特色。第一，从民航服务人才培养的全局出发，关注了民航服务产业的未来发展趋势，架构了以培养目标为导向的教材体系与内容结构，比较全面地反映了服务人才培养趋势，起到了良好的统领作用；第二，使教材的本质——适用性得到了回归，体现在每本教材均有独特的视角和编写立意，既有高度的提升、理论的升华，也注重教育要素在课程体系中的细化，具有较强的可用性；第三，引入了职业素质教育的理念，补齐了服务人才素质教育缺少教材的短板，可谓对传统服务人才培养理念的一次冲击；第四，教材编写人员参与面非常广泛，这反映出本套教材充分体现了当今民航服务专业教育的教学成果和编写者的思考，形成了相互交流的良性机制，势必会对全国民航服务类专业的发展起到推动作用。

教材建设是专业人才培养的基础，其与教材服务的行业的发展交互作用，共同实现人才培养—社会检验的良性循环，是助推民航服务人才培养的动力。希望这套教材能够在民航服务类专业人才培养的实践中，发挥更积极的作用。相信通过不断总结与完善，这套教材一定会成为具有自身特色的、适应我国民航业发展要求并深受读者喜欢的规范教材。

原海南航空公司总裁、原中国货运航空公司总裁、原上海航空公司总裁

朱益民

2017 年 9 月

前　言

在新时代背景下，弘扬中华民族优秀传统文化已成为高校教育和行业发展的重要内容。尤其随着旅游业的迅速发展，中国民航教育事业面临新的挑战和发展机遇。为了不断发展和提高民航服务水平，着力塑造具有审美意识、艺术修养的民航服务人才，我们编写了本书。

本书向读者展示的是一个体现民航服务多元多层次的人文关怀的世界，旨在阐述在现代化进程中民航业服务的艺术特性。民航服务是一门艺术，主要包含语言艺术，表情艺术、仪态艺术和心灵艺术等审美艺术。语言艺术体现民航服务人员的语言表达能力和沟通协作技巧，表情艺术展示民航服务人员传递出来的情绪、情感和服务的美感，仪态艺术呈现民航服务人员的仪态美和气质修养，心灵艺术彰显民航服务人员的思想境界和道德情操。由此，本书体现出了时代性、内容的创新性及专业性等特点，体系为全国民航专业教材首创，填补了国内高校相关专业及民航服务业教材领域的空白。

本书由七部分构成，包括民航服务艺术导论、民航服务种类及艺术特性、民航服务语言艺术、民航服务表情艺术、民航服务仪态艺术、民航服务心灵艺术以及民航服务艺术功能与艺术教育等。全书依据美学、语言学、艺术学理论和实践教学，重点突出了服务艺术中蕴涵的传统文化、艺术审美特性和民族精神的重要内容。该书贯穿着中华民族的知识体系、文化表述与美学思想，集学理梳理、案例分析、实践操作为一体，图文并茂，是民航服务艺术教材的一个特殊范畴。

本书由南京旅游职业学院人文艺术学院院长曹娅丽教授作为第一主编，提出全书架构并做统稿工作，指导编写组成员开展编写，并具体撰写了第一章主要内容；具有多年教学经验的南京旅游职业学院民航专业教师许赟作为第二主编，编写了第二章，并补充完善了第五章、第六章和第七章的部分民航案例等内容；中国艺术研究院助理研究员邸莎若拉作为副主编，编写了第一章部分内容以及第五至第七章内容；南京旅游职业学院民航专业教师高山、李屹然作为副主编，分别编写了第三章和第四章内容。

本书可作为高校民航专业的教材使用，也可供国内民航企业及相关培训机构在职人员培训使用。

在编写过程中，我们借鉴和参考了大量国内外的相关书籍、期刊及网络资料，在此，谨向所有相关作者表示诚挚的感谢，对清华大学出版社参与本书编辑工作的各位编辑表示衷心感谢。由于编写组成员水平有限，加之行业相关知识更新很快，书中不足之处在所难免，敬请广大读者不吝赐教。

编者

2020 年 5 月于南京旅游职业学院

CONTEN^{TS} 目录

第一章　民航服务艺术导论

民航服务既是一门科学，也是一门艺术，服务技能是艺术的体现。民航服务艺术有着极为丰富的文化内涵，它包含知识、思想、情感、心理和审美表达，是道德品质、各种文化思想、民族精神、观念形态、艺术审美的综合体现。民航服务艺术主要包含礼仪、语言、表情、仪态、心灵和技艺等艺术表现形式、内容和审美要素。本章就民航服务艺术表现形式、艺术审美形态及其美学意义从学理上做一些讨论，以此探究民航服务艺术的本质，从而推动我国民航业艺术教育的发展。

第一节　民航服务艺术的构成及美学意义

民航服务艺术展示的是一个多元、多层次的人文关怀的世界，是民航服务人员艺术地掌握民航服务技能的一种方式，是用心灵关照民航服务业进行创造性的生产活动。

一、民航服务艺术的构成

民航服务艺术主要由美的形态、艺术形式与服务技能构成，三者有机结合便形成了独特的艺术形态。民航服务艺术是作为艺术形态和生产形态而体现的。艺术是人类生活的重要组成部分，是艺术技能的展示和传递，是人类按照美的规律创造世界，同时也按照美的规律创造自身的实践活动。那么，言及民航服务艺术的构成，需从美说起，何谓"美"？美，分为内在美和外在美，内在美体现在心灵上，外在美体现在形象上。

二、服务艺术美的构成

民航服务艺术是从理论上阐述人在一定的文化空间或各类劳动环境中，用艺术关照社会，用艺术服务于社会，并借助一定的审美能力和技巧，在精神与物质材料、心灵与审美对象相互作用、相互结合的情境下，充满激情与活力的创造性劳动。这种劳动来自美的形态、美的思想与美的形象。

从字形字义上看"美"字，美，金文字形，从羊，从大，古人以羊为主要副食品，肥壮的羊吃起来味很美。本义：味美。一是指味、色、声、态的好，如美味、美观、良辰美景；二是指才德或品质的好，如美德；三指善事、好事，如《论语·颜渊》："君子成人之美，不成人之恶。"四是指赞美、称美，如《庄子·齐物论》："毛嫱、丽姬，人之所美也。"五是指喜欢、称心，如《醒世恒言·马当神风送滕王阁》："满座之人见王勃年少，却又面生，心各不美。"由此看出，美的内涵与外延，即美的基本形态。

美的基本形态是艺术美和现实美的统一体。其中现实美包括自然美、社会美、教育美，这是美学的基本范畴和中心问题。自然之美，具有象征性，如天地、山川河流、宇宙、花草树木、鸟兽等自然物种，即自然之气。社会美，包含真善美，仁义之道，造化之圣和修身之德，是指做人的美德，这种美德是与教育分不开的。此外，美还包含人体美、形象美、仪表美、服饰美、语言美、行为美等。美是自然美、社会美、艺术美之具体审美表征。

从美学思想上来看，它是一种抽象的带有很强主观性的对美的思想认识，是人对事物的美的认识能力和审美评价能力的凝聚，其中融入了个人的思想感情和艺术品质。狄德罗说："在我们称之为美的一切物体所共有的品质中，我们将选择哪一个品质来说明以美为其标记的东西呢？"他认为，这个品质就是"关系"："人们在道德方面观察关系，就有了道德的美，在文学作品中观察，就有了文学的美，在音乐作品中观察，就有了音乐的美，在大自然的作品中观察，就有了自然的美，在人类的机械工艺的作品中观察，就有了模仿的美。"构成美这一观念之基础的普遍性质，就包含在"关系"这一概念中。

这段话包含两层意义：第一是事物本身构成的关系；第二是事物与主体构成的关系。一个建筑物这部分和那部分构成关系，所产生的快感，就是美感。美就在这关系中。物体的美在于人们觉察到它身上的各种关系。人物和事件的美也在于体现了一种关系。

柏拉图从对各种具体审美实践现象的批判切入，经过精致的类比论证，提出了美是"有用的""恰当的""有益的""视觉和听觉产生的快感"等一系列概念并进行了阐释和论证，最后得出只有"美本身把它的特质传给一件东西，才使那件东西成其为美"的形而上的结论。柏拉图提出并论证"美是什么"的逻辑过程是："在一个讨论会里，我指责某些东西丑，赞扬某些东西美。"于是引出"你怎样才知道什么是美，什么是丑，你能替美下一个定义么"的美本质论问题。"有正义的人之所以有正义……是由于正义。""有学问的人之所以有学问，是由于学问；一切善的东西之所以善，是由于善"。因此，"美的东西之所以美……是由于美"。进而推论出"美即美本身"或"美本身即美"的论断。诚然，柏拉图美本质论的诞生是与古希腊崇尚理性，追求真知的社会人文背景耦合的。

在民航服务中，服务种类繁多，因为服务本身指的就是社会成员之间相互作用的各类活动，它包含了人与事物、主体与客体、美与丑之间的关系，这种关系是由美连接的，这种美的关系，在民航服务中是具体的、有益的。审美的艺术行为，是美的形象，它反映现实生活，呈现民航服务的艺术特性，是体现时代风尚和美学思想的产物。

美的形象，顾名思义，是指美的、善的。形象，意思是指能引起人的思想或感情活动的具体形态或姿态。形象在文学理论中指语言形象，即以语言为手段而形成的艺术形象，亦称文学形象。它是文学反映现实生活的一种特殊形态，也是作家的美学观念在文学作品中的创造性体现。艺术形象是艺术反映生活的特殊形式，是通过审美主体与审美客体的相互交融，并由主体创造出来的艺术成果。作为艺术反映生活的基本形式，艺术形象是艺术作品的核心。艺术形象包括三方面内容：艺术形象是客观与主观的统一；艺术形象是内容与形式的统一；艺术形象是个性与共性的统一。按照一般的说法，艺术形象有三大特征：真实性、情感性、审美性。这里要强调的是，艺术形象性，它是指任何艺术作品都必须具有生动、具体、具有一定观赏价值的艺术形象。普列汉诺夫曾经讲过，艺术"既表现人们的感情，也表现人们的思想……任何艺术作品的形象都是具体的、感性的，也都体现着一定的思想感情，都是客观因素与主观因素的有机统一，任何艺术形象都离不开内容，也离不开形式，二者是有机统一的。"艺术欣赏中，直接作用于欣赏者感官的是艺术形式，但艺术形式之所以能感动人、影响人，是由于这种形式生动鲜明地体现出深刻的思想内容。也就说，艺术形象是个性与共性的统一，才使得这些艺术形象具有不朽的艺术生命力。

　　这里要说的民航服务人员的形象可分为两种：一种是外在的长相；一种是内在的具有美的思想、美的品质、美的形态的形象，能引起人的思想或感情活动的具体形态或姿态。民航服务人员的形象具有双重性：一是蕴含艺术形象的审美特征，如同在民航服务中创作的艺术作品，具有艺术形象性，是具体的、感人的、生动的、审美的；二是蕴含美学特征，美的思想、美的形象，是一种企业形象和标志，是一个文化使者形象——传递中华民族传统文化的大使。因此，民航服务艺术的构成基本上是由美的形态、艺术形式与服务技能构成。美包含人体美、形象美、仪表美、服饰美、语言美、行为美，还包含社会美、生活美与自然美，在民航服务中将美的内涵展示出来，即真善美的彰显。艺术在民航服务中是指艺术素养、艺术表现形式、艺术审美性，它贯穿于民航服务之中，与技能是相辅相成的。

三、艺术的美学意义

　　美学是研究人类审美活动的科学，美学的概念是德国哲学家鲍姆嘉通在 1750 年首次提出来的，他认为需要在哲学体系中给艺术一个恰当的位置，于是他建立了一门学科研究感性的认识，并称其为"Aesthetic"（感性学）。美学是研究人与世界审美关系的一门学科，即美学研究的对象是审美活动。审美活动是人的一种以意象世界为对象的人生。艺术就是人类创造美的活动，是人类能动的、创造性的实践生产出来的精神产品。艺术创造的目的，主要是实现它的审美价值，满足人们心灵的渴求和精神上的需要。民航服务艺术便是要求民航服务人员将自己的主观世界的审美情致、审美体验以及自创的恰当得宜的符合美的规律的美的形式"物化"于产品之中，即"物化"于民航服务艺术技能之中。

　　首先，物化，是属于美学范畴的，指的是哲学家庄子的一种泯除事物差别、彼我同化的精神境界。物化是中国古典文艺学、美学关于审美创造的独特范畴，它发端于老子哲学，成熟于庄子哲学。庄子的"心斋"奠定了物化的心理机制，审美移情是它的表现特征。物化移情不同于西方的移情美学，它是一种物我互为主体的移情，是"天人合一"。

物化的最高境界是物我互化，这是一种忘我的精神境界。物化显现了中国古代审美创造理论的巨大价值，具有重要的理论意义。

在中国古典文艺学、美学发展史上，"物化"作为一种独特的审美创造现象。"物化"所昭示的文艺创造主客体的忘我的精神境界，表现了中国古代审美创造理论的巨大价值。它不同于西方美学的审美移情理论，而有自己的理论品格。特别是在建设有中国特色的文艺理论体系，完善我们自身的文艺学、美学的今天，"物化"论具有很高的美学价值。

民航服务艺术同样是以社会生活为源泉的审美创造，更具有特殊性、艺术性和审美性。民航服务中的艺术审美活动，实际上是一种"物化"，物化，即民航服务人员要创造一种忘我的精神境界，就是将自身具有的审美经验通过创造，物化到民航服务劳动中。这种劳动包含美的本质与形态、美的类型、美感的本质特征、美感的心理素质。

在文学作品中艺术创造通常指艺术创作，指艺术家以一定的世界观为指导，运用一定的创作方法，通过对现实生活观察、体验、研究、分析、选择、加工、提炼生活素材，塑造艺术形象，创作艺术作品的创造性劳动。艺术创作是人类为自身审美需要而进行的精神生产活动，是一种独立的、纯粹的、高级形态的审美创造活动。这里的艺术创作以社会生活为源泉，是一种特殊的审美创造。实际上，民航服务人员便是艺术家，他们从事的是艺术创作，通过艺术创作塑造自身美的形象，传递中华民族之美德。那么如何塑造自身的艺术形象，是一个十分重要的话题。艺术是人的天性、社会性和技术性的统一，它是人们抒情达意的方式。艺术来源于对于自然物象、自然规律的自发体验。艺术创造既体现了对自然法则的体认，又反映了强烈的主体意识。艺术满足了人类的感性要求。艺术是艺术家经过加工或赋予它以设计的意义或意味的产品。从欣赏的范畴来看，在民航优美的环境中，服务人员的技能、仪态、语言、行为有机的统一，展示出民航服务的意境美，充分体现了艺术具有的审美价值，这便是有意味的服务艺术产品，意味，即文化内涵与艺术审美韵致。因此，从欣赏的意义上讲，功能是界定艺术的重要角度。艺术的基本特点是一种生命的姿势，优秀的艺术品必须充满生机和活力，优秀的美德是发自内心的。因此，民航服务艺术在于艺术创造，在于在生活中发现美、创造美，在于在劳动服务中塑造自己优美的形象，体现人的生命意义和价值。

其次，艺术美是物化的结晶。艺术美的一个基本特征，就是主体性。艺术作为一种特殊的社会意识形态，艺术生产作为一种特殊的精神生产，决定了艺术美必然具有主体性的特征。毫无疑问，艺术美来源艺术创造。艺术美是美的一种形态，它是艺术家创造性劳动的产物。艺术家的创作活动作为一种精神生产活动，从本质上说，也是人的本质力量的定向化活动。因此，艺术美也就是人的本质力量在艺术作品中通过艺术形象的感性显现。艺术美是指存在于一切艺术作品中的美，是艺术家按照一定的审美目标、审美实践要求和审美理想的指引，根据美的规律所创造的一种综合美。

艺术美就是艺术形象之美。人们只有通过对艺术形象的欣赏，才能够感受到艺术作品之美。人们说，任何艺术形式都不能离开艺术形象的描绘，没有了形象，那艺术本身也就不存在了。艺术形象是根据现实生活中各种现象加以艺术概括所创造出来的具体生动图画，它是广泛多彩的。不能把艺术形象仅仅理解为人物形象，那些动人的景色、欢乐或哀痛的思绪，一幅熙熙攘攘的生活图画、一种气氛、一种情趣等，都是艺术形象。

民航服务中展示的形象美并不是说服务人员都是清一色的帅哥、美女。民航服务人员的形象美，即是内外文化涵养的体现，职业素养的外延，如在服务中尊重自己，尊重旅客，具有良好的个人行为习惯。

最后，从哲学上来看，艺术是美，美也是艺术。有学者认为，最高的理性活动是包括一切理念的审美活动，真和善只有在审美中才能接近，而美把真的科学知识和善的道德行为综合实现于艺术之中，因此，艺术高于哲学。也由此推出艺术与美的本质在于体现了真与善、必然与自由、实在与理想、感性与理性的统一。美是需要学习才能掌握的，所以说民航服务艺术实际上也是艺术学层面的问题，它包括服务技能的掌握，艺术的展示和美学思想的传达。也就是说要有寻找美、追求美和发现美的目光，然后去体现美、创造美。

四、民航服务艺术的美学意义

民航服务艺术的美学意义在于体现人生的价值。民航服务艺术是用服务技能、服务意识展示人生之美，是用生命谱写自己的艺术才华和美德。

首先，民航服务技能是独特的艺术表现形式，它在民航服务中集艺术、审美和技能于一体，是构成民航服务艺术的重要手段及表现形式，它要求民航服务人员将自己独特艺术个性、审美情致、艺术素养、艺术语汇和情感"物化"于民航服务之中，从而使得自己的服务具有生命力。因此，技能是每一位民航服务人员必须掌握的独特的艺术生产形式，它是满足人们高尚的审美需求的载体。那么，如何掌握服务艺术中的技能？技，是技术，在服务中是不可少的，能，是能力，是必须掌握的。要想掌握服务艺术中的技能，就需要在长期深入观察、感受和体验生活的基础上，按照自身一定的审美理想、观念和趣味，对现实生活中的事物和现象进行集中、概括、提炼，并借助一定的物质材料和熟练的艺术技巧加以新的创造，从而在各种感性的符号形式上物化人的意志、情感和理想。

其次，民航服务艺术是真善美的体现。柏拉图提出了美是"有用的""恰当的""有益的""视觉和听觉产生的快感"，民航服务中服务人员的言行举止、情感、形象等一系列都是美的，是由服务技能展示出来的，这些服务技能既包含外在的形象，又包含内在的真善美。

最后，民航服务艺术是民航文化内涵的体现。民航文化的内涵包括民航业自身的制度文化、企业文化和职业心理文化等，它包含了思维方式、宗教信仰、审美情趣、道德情操。随着时代的发展，中国民航业面临着新的挑战。

第二节　民航服务艺术形式

民航服务艺术的表现形式是集服务的审美意识、审美形态与技艺为一体的，是服务内容与艺术形式的统一体，主要有礼仪、语言、仪态、表情、行为、心灵之美。礼仪是一种秩序，是属于美学范畴的，它包含了自然之气，仁义之道，造化之圣和修身之德等传统礼仪表述功能，它贯穿于民航服务艺术之中。在民航服务艺术中，礼仪包括行为规范、仪态、表达方式、情绪、心灵、语言等，是心灵的外在表现。民航服务艺术是弘扬我国"礼仪之邦"之传统文化和民族精神的一种崇高的艺术表现形式。

一、艺术的内涵与民航服务技艺

1. 艺术的含义

艺术，即技艺；术，技术、技能。在中国古代，艺术指六艺，即六种技能：礼、乐、射、御、书、数。从西方的文化史考察，"艺术"一词来源于拉丁文"ars""artem""artis"（技艺，skill）。随着时间的演进，它的意思在不断地发生着变化，逐渐演变成技术和社会现实的一种反映。在英语中，艺术经常与"手工艺"（craft）联系在一起。文艺复兴以后，它又与手工技术以及劳动阶级联系到了一起，而与宗教贵族特有的知识，诸如数学、修辞、逻辑、语法等形成两种知识的分野。在欧洲中世纪时期，大学里的七种知识被视为七种艺术（"七艺"），它们是：语法学、逻辑学、修辞学、算术、几何学、音乐和天文学。"艺术家则主要指在这些领域从事研究的，具有技艺的人士"[①]。

文艺复兴以后，艺术的含义出现了更大的变化，它与人文主义并肩前行。之后，"艺术"概念所指涉的范围呈现出越来越宽广的趋势，特别是包含了许多具有美学意义的实践和作品，如民间歌舞、建筑样式、绘画风格、手工艺品、园艺技术、烹饪技艺等。这些作品的创作者并没有经过科班训练，许多都来自民间。另外，我们每一个民族或族群都会在他们的艺术品中融入强烈的族群认同和审美价值。更为重要的是，那些被视为"艺术品"的东西又具有超越某一特定民族和族群的"人类价值"，也就是说，艺术的"普世性"（the universality of art）是建立在某一个特定美学价值体系的创造之上的。

2. 艺术的起源

关于艺术起源学说是多元的。艺术缘起于中西方一致认为的五种学说，即一说，模仿自然之道，如《吕氏春秋·古乐》；二说游戏理论；三说，情感表现说，正如《诗经》开头的《毛诗序》所言："情动于中而形于言，言之不足故嗟叹之，嗟叹之不足故咏歌之，咏歌之不足，不知手之舞之、足之蹈之也。"无论是"言"、是"嗟叹"、是"咏歌"还是

---

① 彭兆荣. 遗产反思与阐释[M]. 昆明：云南教育出版社，2008.

手舞足蹈，都是情之所现，都是为了抒发、表现自己的情感意志；四说，巫术活动，巫在《说文解字》中释为"能事无形，以舞降神者也"；五则劳动说，在《礼记》的《曲礼》和《檀弓》中描述的劳动中的哼诵，这种哼诵的节奏是在劳动时的特殊条件下产生的，是诗歌和音乐的起源。

著名史学家希尔恩认为：艺术本身就是一种综合性现象，人类生活冲动大体有六项：知识传达、记忆保存、恋爱与性欲冲动、劳动、战争和巫术。

在非物质文化遗产的分类中，艺术是一个重要的部分。我国迄今为止所获得的 20 余项世界非物质文化遗产代表名录中，全部都属于艺术类别，这充分说明艺术在非物质遗产分类中的不可或缺性[①]。社会学、人类学和心理学等多学科研究显示，艺术是人类情感表现与交流的需要，是人类的生活的遗存，是一种特殊的文化属性——艺术表述。表述，是指叙述，或口述个人对某实际特征的观察结果，或传达一种观念、印象或对某些无形事物的性质及特色的了解。可分为知识性表述、言语性表述、行为性表述等，这里是指艺术表述，包括地方知识、地域文化、艺术表现形式等。综上所述，艺术是才艺和技术的统称，词义很广，后慢慢加入各种优质思想而演化成一种对美、思想、境界的术语。艺术是用形象来反映现实，但比现实具有更典型性的社会意识形态，艺术包括文学、书法、绘画、雕塑、建筑、音乐、舞蹈、戏剧、电影、曲艺等。

依据艺术形象的存在方式，艺术可分为时间艺术、空间艺术和时空艺术；依据艺术形象的审美方式，艺术可分为听觉艺术、视觉艺术和视听艺术；依据艺术的物化形式，艺术可分为动态艺术和静态艺术；依据艺术分类的美学原则，艺术可分为实用艺术、造型艺术、表演艺术、语言艺术和综合艺术。

艺术是一种很重要、很普遍的文化形式，有着非常复杂而丰富的内容，与人的实际生活密切相关。艺术作为一种精神产品，具有无限发展的趋势，并在整个社会产品中占有越来越大的比重。艺术价值是很重要的精神价值，其客观作用在于调节、改善、丰富和发展人的精神生活，提高人的精神素质，包括认知能力、情感能力和意志水平。

民航服务是一种艺术，是才艺和技术的统一。在民航服务中，服务是特殊的技艺，技艺是一种精神产品，是服务人员创造的，服务人员是具有技艺的人士，他们创造的艺术品艺术，是用形象、技术、美德来塑造自我和映射社会意识形态，是一种对美、思想、境界的彰显。因此，艺术是一种文化形式，服务的艺术技能是一种精神产品，二者相统一，构成了民航服务独具审美特性的艺术表现形式。

例如，西藏航空将藏地民族文化融入民航服务之中，山东航空将孔子思想、儒家文化融入民航服务之中，或通过视频播放、或由乘务员介绍。西藏航空乘务员身穿藏族服饰，客舱内酥油奶茶飘香，藏地音乐悠扬，这样的艺术形式、民族文化的样态，格外亲切，散发着民族艺术的魅力，极大地丰富了旅客的精神生活，这种服务具有较高的艺术价值。

[①] 彭兆荣. 中国艺术遗产遗产论纲[M]. 北京：北京大学出版社，2017 年.

二、民航服务技艺的审美性

1. 技艺的含义

技，才能。艺，才能，技能，技术。技艺是指富于技巧性、难以掌握的武艺、工艺。亚里士多德对于"技艺"一词的理解包含技术和艺术两方面，这和古希腊语中"technê"一词的含义有关，认为技艺作为创制活动的知识而存在，是人的灵魂有五种获得真或确定性的方式之一，是沟通道德和理智的桥梁。所有技艺都是某种事物生成，学习技艺就是学习一种可以存在也可以不存在的事物的生成方法。因此，技艺被看作是服务于某个具体的善的目的的手段。在人类早期生活中，"艺"和"技"是相统一的；所谓艺术家，在早期社会里也就是指有着娴熟劳动技能的工匠。在西方，"艺术"一词原本也是指技术。这说明，在根本上，艺术美离不开人类的劳动实践。当然，艺术产生之后，人类现实生活便成了艺术美创造的源泉。艺术家进行艺术形象的创造，首先要从人的生活中提炼素材；艺术家生活经验的广度和深度，决定了其所创造出来的艺术形象体现人的生命意义、抒发人的生命情感的广度和深度。

民航服务中的技艺，是指具有艺术性、审美性和技术性的劳动实践，它包含民航专业技能，如迎宾、播音、安全演示、安全检查、急救、饮食配餐、送餐等技能。

2. 技艺的审美性

审美是人类理解世界的一种特殊形式。审美是在理智与情感、主观与客观上认识、理解、感知和评判世界上的存在。审美也就是有"审"有"美"，在这个词组中，"审"作为一个动词，它表示一定有人在"审"，有主体介入；同时，也一定有可供人审的"美"，即审美客体或对象。审美现象是人与世界的审美关系为基础的，是审美关系中的现象。美是属于人的美，审美现象是属于人的现象。

艺术欣赏是对艺术作品的"接受"—感知、体验、理解、想象、再创造等综合心理活动，是人们以艺术形象为对象的通过艺术作品获得精神满足和情感愉悦的审美活动。而空乘服务的对象则是艺术的欣赏者、感知者。

人类社会生活从总体上可以划分为物质生活与精神生活两大组成部分。为满足这两种生活所分别进行的生产活动，称作物质生产与精神生产。物质生产是为了满足人们的物质需要，它的成果构成了人类的物质文明。精神生产是为了满足人们的精神需要，它的成果构成了人类的精神文明。艺术生产作为一种特殊的精神生产，则是为了满足人们的审美需要，它的成果构成了人类光辉灿烂的艺术文化宝库。马克思明确提出了"艺术生产"的概念，将"艺术"与"生产"联系起来考虑，从生产实践活动出发来考察艺术问题，把艺术看作是一种特殊的精神生产，这在美学史和艺术史上是一个前所未有的创举。"艺术生产"理论对于揭示艺术的起源和艺术的发展，揭示艺术的性质和艺术的特点，以及揭示艺术创作、艺术作品、艺术鉴赏这样一个完整的艺术系统的奥秘，都提供了科学的理论依据。那么，民航服务便可看作是艺术生产或者艺术创作。

这种艺术创作来源于生活，即社会生活是艺术创作的源泉，艺术创作对社会生活的依赖关系，首先表现在艺术家往往是从生活实践中获得创作动机和创作灵感，尤其是艺术创作的内容，更是来自社会现实生活。同样，民航服务者实际上就是艺术家，服务的技能就是艺术创作。但与此同时，艺术创作又是一种创造性的劳动，创作主体对艺术创作起着决定性的作用。所以我们说，民航服务的艺术创作离不开社会生活，更离不开创作主体，离不开民航服务人员的创造性劳动。对于艺术生产这一特殊的精神生产，艺术创作更是艺术作为创作主体的对象化过程。而且，比起物质生产劳动，艺术生产中的这种主体性更加鲜明、更加突出。

服务是一门科学，也是一门艺术。民航服务者不仅要有高度的职业责任感、精益求精的工作态度，还要练就服务基本功，培养扎实的服务工作素养，掌握基本的民航知识，甚至了解茶文化、酒文化等。广大民航员工应该将服务实践看作艺术创作，努力钻研服务业务，创新服务技能，将技能赋予艺术性和审美性。这样，民航服务技艺便有了审美性，民航服务这种艺术形式的独特性、审美性便体现出人的生命意义。

三、民航服务艺术形式

艺术形式与艺术内容并举，艺术内容离不开艺术形式，同时艺术形式也离不开艺术内容。内容是通过形式来表现的。艺术形式具有意味性、民族性、时代性、变异性等特点，是构成艺术形式的结构、体裁、艺术语言、表现手法等基本要素。民航服务艺术形式是内容与形式的统一体，包含形象美、语言美、行为美、仪表美、人体美、服饰美、心灵美等美的思想和美的形态。因而，民航服务艺术是弘扬我国传统文化和民族精神的一种崇高的艺术表现形式。

例如，民航服务环境的舒适与服务人员优质的服务有利于树立航空公司和民航机场形象，进而促进其经济效益的提升。同时，民航服务方式和态度等，不仅代表自身、航空公司和民航机场企业形象，还代表着整个民航和国家的形象。所以，民航服务中"望、闻、问、切"服务理念，便是服务艺术的要素。基于此，民航服务艺术形式是多元的，多样的，多层面的，主要表现在以下几方面：

1. 表情艺术

民航服务中的表情艺术是展示民航乘务人员传递出来的情绪、情感和服务的美感，主要是指微笑艺术，微笑是一种礼仪，它体现了人类最真诚的态度。在人与人之间，它是一个表达方式，表示愉悦、欢乐、幸福。微笑是不分文化、种族或宗教的，是每个人都能理解的，是跨文化情感沟通的手段。在民航服务中，微笑也是最基本的礼仪，它伴随着人们度过工作和生活的每一刻，微笑是一种态度。态度是心理学范畴的概念，是指个体对特定对象（人、观念、情感或者事件等）所持有的稳定的心理倾向。这种心理倾向蕴含着个体的主观评价以及由此产生的行为倾向性。态度是在社会生活中经过一定的体验后积累经验而形成的，因而具有社会性，受社会环境和关系的影响。

因此，民航服务人员的微笑一方面是态度的体现，即内心世界的写照；另一方面，在日常生活中，若能常常笑脸迎人，真心实意地展颜一笑，不仅能使人感到无限惬意，还能使自己的神态更加生动活泼。民航服务中服务人员的微笑如同碧波荡漾，象征着青春和活力，给人带来审美的愉悦。二者结合相得益彰，这正是充满激情与活力的艺术创造性劳动。

微笑和眼神是最具表现力，最能体现神态美的语言。"巧笑倩兮，美目盼兮"是《诗经》中的名句，说的是女子笑得美、笑得迷人，美目流转富情意。在人的整个神态中，眼神是最传情的语言。微笑是一种发自内心真情实感的传递，如同一首诗、一幅画、一首乐曲，赏心悦目，因此，乘务人员应该是一个艺术家，其微笑应该是一幅艺术品，它承载着中华民族传统文化，传达着中华民族的美德。只有发自内心的微笑，才能让人感受到笑容中充满的是关切、友善与尊重。

2．行为艺术

行为艺术是指人的思想、意识形态等活动方式，如举止行为。民航服务中的行为艺术是指在特定环境、时间、地点开展艺术创作活动，包括仪态、神态、情态，既是人体美、形象美、仪表美、服饰美、语言美、行为美的综合体现，又是心灵之美的彰显。从人体美来看，"站如松、坐如钟、行如风"是老祖宗留给我们的古训，也是塑造体态美的标准，我们仍应遵循。这里值得指出的是，行为艺术与心灵艺术是相辅相成的。优美作为美的一般形态，以和谐、协调、一致、均衡、统一为特点。优美的本质属性是和谐，其内涵是自由、主体与客体之间均处于协调和完善状态。在外在形式上，它呈现为柔媚、优雅、纤巧、秀丽、飘逸、安宁、淡雅的美。社会生活领域中的优美偏重于内容，突出地体现着真善美的和谐统一。人是社会的主体，人的行为是社会美的主要对象。美的人或美的行为举动应是外在形式美与内在心灵美的和谐统一。人的行为艺术包含了人的精神面貌的体现，这种体现包含了知识、思想、修养、气质、性格等元素，是人内在的知识和外在形象的统一。民航服务人员行为艺术形式是艺术素养、文化修养，技能的总和。

3．语言艺术

语言艺术是民航服务人员的语言表达能力和沟通协作技巧的艺术体现，民航服务中的语言艺术包含声音、语气、语调、节奏等。

声音，原意指使人产生听觉的震动，古指音乐、诗歌，也指说话的声气和口音。如《礼记·乐记》："声音之通，与政通矣。"此处则是指音乐、诗歌。《孟子·告子下》："訑訑之声音颜色距人于千里之外。"其中的"声音"指说话的声气和口音。声音具有响度、音调、音色、乐声等特性。响度：人主观上感觉声音的大小（俗称音量）；音调：声音的高低（高音、低音）；音色：又称音品，波形决定了声音的音色；乐音：有规则的让人愉悦的声音。可见，声音是具有艺术审美性的。在与旅客对话的过程中掌握声音的艺术性也是民航服务人员需要学习的一门技艺。

第三节　民航服务艺术与审美活动

民航服务艺术是民航服务审美活动的重要组成部分，审美渗透在社会的各个领域，审美是对艺术价值的判断，民航服务技能是服务人员创造的具有审美意识的艺术结晶。基于此，民航服务艺术与审美一则是赋予民航服务中主客体的审美意识，二则是提升民航服务人员的审美意识。

一、民航服务礼仪与审美活动

审美活动是创造审美价值的人类实践活动，它的范围很广，包括欣赏美的事物、创造美的作品以及美化环境等。它的最重要的形式是文艺创作和文艺欣赏。文艺创作既为文艺欣赏提供具有审美价值的对象，又能培养新的审美主体，提高其审美能力，促进审美活动的发展。审美活动作为人把握世界的特殊方式，是人在感性与理性的统一中，按照"美的规律"来把握现实的一种自由的创造性实践。概括地说，审美活动的特征主要表现为：

第一，审美活动以一种审美，即用艺术的眼光看待人类的生活与生产劳动。这里面又包括了两层意思：一是在生活与生产劳动过程中，人能够按照"美的规律"来创造。在这一创造过程中，人克服了完全受制于外部自然的被动性，真正实现了合规律性与合目的性的统一。二是人类生活与生产劳动的静态成果，以其美的外在形式、合规律性与合目的性相统一的内容，感性地显现了人的自由自觉的本质，从而使人能够以愉快的心情对这一成果进行审美观照。

第二，由于审美活动已经从物质的生产劳动中独立出来，它所体现的审美价值不是隐藏在实用价值背后，而是已经在人类生活和劳动生产及其成果中占据了主导地位，因此，这时的审美价值将以特殊的形式成为衡量一切生活与生产劳动合理与否的重要尺度。

第三，在审美活动中，对生活与生产劳动过程及其结果的把握，更多是从感性形式方面进行的。换句话说，审美活动从直观感性形式出发，始终不脱离生活与生产劳动过程及其结果的直观表象和情感体验形式。但由于美的合规律性与合目的性的统一，所以审美活动又总是同时伴有一定的理性内容，会在理性层面上引发人们的深入思索。只是与那种一般认识活动不同，审美活动中的理性内容并不以概念为中介，即不是以概念形式出现，而是以情感、想象为中介，以形象为载体。正由于这样，审美活动才得以保持着自由的独立品格。

民航服务是一种审美活动，是对生活与生产劳动过程及其结果的把握，这种艺术审美活动是以情感、想象为中介，以形象为载体，树立优美的、崇高的品格。它包含两个层面：一是在民航服务过程中，服务人员按照"美的规律"进行服务的艺术创造。二是以一种审美的眼光看待人类的生活与生产劳动实践，以其美的外在形式、合规律性与合目的性相统一的内容，为社会服务。因此，审美作为人类有目的有意识地创造美和享受美的一种特殊社会活动，是人工而非自然的审美活动。

从传统上而言，中华民族文化重视伦理道德，并认为一定的社会伦理情感可以通过感性形象表达。实际上，礼仪是中华民族的文化传统，也是民航服务艺术重要的审美活动。现代民航的大多数企业都认识到了传统礼仪文化内涵十分丰富，尤其是传统礼仪是艺术审美的载体，是民航服务艺术的灵魂，对构建民航服务文化具有一定的理论意义和审美价值。中华礼仪本身基于尊重和仁爱，而这些优秀的价值理念在民航服务当中还具有较大的挖掘空间。因此，民航服务艺术中的礼仪是打造民航服务人员审美品格、传承中华民族传统文化的关键所在。

礼仪是人们约定俗成的，是对人类和大自然表示尊重、敬畏和祈求等思想意识的各种艺术形式和行为规范。礼乐制度，在西周用于定亲疏，决嫌疑，别同异，明是非，是社会的典章制度和道德规范。作为典章制度，它是社会政治制度的体现，是维护上层建筑以及与之相适应的人与人交往中的礼节仪式。《释名》曰："礼，体也。言得事之体也。"《礼器》曰："忠信，礼之本也；义理，礼之文也。无本不立，无文不行。"礼是一个人为人处事的根本。也是人之所以为人的一个标准。故《论语》曰："不学礼，无以立。"

礼仪实际上是一种艺术活动，人们在社会活动中，一般是十分重视人与人之间的关系的，如相互尊重，一是表现在仪容、仪表、仪态、仪式、言谈举止等方面，二是表现为行为规范，如道德、伦理、思想等。

民航服务礼仪主要表现为语言、表情、仪态等内容。实际上礼仪是人们在社会生产活动中逐渐形成的大家都要遵守的行为规范与行为准则。中华民族传统礼仪文化，是规范人的行为和道德的，是美学范畴的问题，它包含语言美、行为美、仪表美、心灵美和人体美等。其中人体美不仅包含人体的比例美，社会生活中还包含肢体语言或者身体语言，在民航服务艺术中表现尤为突出。

礼仪不仅是民航服务人员精神面貌的外在表现，而且是中华传统美德的体现。因此，民航服务人员规范自己的举止言谈，掌握基本的民航服务礼仪，呈现美的形态，是民航服务艺术美的具体表现。美丽的外在形态，整洁的服饰，优雅的举止，得体的谈吐都是民航服务人员所应具备的民航服务礼仪素养。

旅客从进入民航机场开始，就能看到民航服务人员甜美的微笑和诚挚的欢迎，如图 1-1 所示，然后是温馨提醒、引导协助、安全演示、餐饮服务（见图 1-2）。每一句话，每一个动作，都能体现民航服务人员所具备的职业素养和道德修养。

图1-1　民航服务人员帮助进入机场的旅客

图1-2　民航服务人员为旅客提供餐饮服务

孟子曰："尊敬之心，礼也。""礼由心生"，一个具有良好文明意识的公民，礼仪是其内在的道德要求和准绳，会通过人他的行为表现出来。对于民航服务人员来说，工作态度也是对自己职业认识的一种心理反应和表现，端正的工作态度是做好本职工作的基石。由心而发的礼仪，决定着工作质量的好与坏。心中怀着尊敬和礼节，就能把"礼"更好地通过行为表达出来。

在旅客评价一个航空公司或一个民航机场的整体形象的时候，首先评价的就是民航服务人员的服务。这便要求民航服务人员在服务过程中，必须怀着真诚尊敬之心，做到旅客至上。民航服务人员的礼仪之态要从心底发出，体现出对旅客的热忱和对本职工作的热爱。要让旅客感受到民航服务人员和他们有心与心的交流，体会到民航的服务理念，真正提升民航在旅客心目中的形象和地位。对于民航服务人员来说，在进入民航机场和客舱时，旅客可能会有各种情况和不良反应，民航服务人员如果自己心理没调节好，做不到保持心态平稳，忽视了礼仪，就极有可能影响到旅客的情绪，甚至引发不良后果。因此，保持"心礼"，注意自己的情绪，规范自己的行为，是民航服务人员艺术素养的体现。

二、民航服务的审美心理

民航服务是一种审美活动，包含审美心理、审美意识、审美价值和审美功能。审美心理包含审美兴趣、情感、意志等综合要素，审美活动包含感觉、知觉、表象、记忆、联想、想象、情感、理解；审美价值包括精神价值、艺术价值、文学价值等，审美功能包含教育功能、愉悦功能、惩戒功能等。这里讲的审美心理主要是民航服务艺术中具有的审美心理与审美要素。

审美心理是审美心理学概念，指的是人的一种特殊的行为心理，即人在实施审美过程中可能产生的心理状态。按照美学家蒋培坤的说法，审美活动包括两个系列的心理因素：一是审美价值心理由审美欲望、审美兴趣、审美情感、审美意志等构成；二是与审美价值心理交融互渗的审美认识心理，由审美知觉、审美想象、审美理解等构成。这两个系列的心理要素相互作用、相互制约共同构成了人的审美心理。

审美活动是审美主体的多种心理因素综合作用的结果，因此我们对审美活动的考察就不能离开审美心理的分析，并且应以这种分析为基础。审美心理是一个十分复杂的问题，需要做多方面、系统的、综合的考察。从横向上来看，审美活动包含多种审美心理要素的共同作用。从纵向上来看，审美活动又是一个动态的心理过程，其终极效果总是呈现为某种独特的心理愉快。同时审美活动作为主体的一种精神追求又总是带有指向人的生命活动的自由境界的超越性。民航服务的过程不仅是一个物理性与生理性的时空经验过程，也是一个心理性的体验过程。这种心理过程便是民航服务审美活动过程。

审美主体的审美心理是由多种审美心理要素共同组成的一种系统的功能结构。一般认为参与审美活动的心理因素包括感觉、知觉、表象、记忆、联想、想象、情感、理解等，但其中最基本的则是感知、想象、情感、理解，即通常所说的"四要素"。

在审美心理学中把审美感觉和审美知觉合在一起统称为审美感知。感觉，按心理学的分析，是对事物个别特性的反映，如对事物的色彩、线条、声音、质地的感官印象。它是通过感官与对象的直接接触而获得的。当我们因某种色彩、声音、线条、质地而感到愉快时，这种愉快就起于感觉。这些愉快的感觉虽然是生理上的，但却是美感经验的基础和出发点。一切较高级复杂的心理现象，如知觉、想象、情感、理解等，都是在感觉的基础上产生的。王朝闻曾指出"只有诉诸感觉的东西，才能引起强烈的感动"。外界的客观对象，只有经过感觉，才有可能引起美感。民航服务中的服务环境能给人以美感，优质的服务技能给予人美感。美感来自民航服务审美活动，即服务人员艺术地创造出来的劳动生产形态。在民航服务的过程中民航服务人员通过优质服务让审美主体旅客充分调动感觉、知觉、情感等审美心理要素，通过在这一价值追求过程中旅客必然会对审美对象（乘务员）有所发现、有所领悟，这就是审美活动中的认识。由此可见人类的审美活动是一种伴随着认识活动的价值活动，人的审美心理，因而也就是一种交融着认识心理的价值心理。在审美活动的这一过程中审美客体（民航服务人员）则扮演着至关重要的角色，也决定着旅客的审美心理感知是否是高质量的。

　　旅客优质的审美心理活动对每一个民航服务中的民航服务人员提出了较高的要求。民航服务人员的优雅言谈举止、得体的仪容仪表都是审美主体先对审美对象进行感受、体验、评判和再创造，再从对客体的具体形象进行直觉开始，经过分析、判断、体验、联想、想象，情感上达到主客体的融合一致。由此而知，民航服务审美活动是服务艺术的核心内容，是民航服务急需关注的一个门类。近年来，艺术审美教育走向了生活、走向了社会的各个层面，甚至可以说走向了企业文化。民航服务艺术与审美也将会成为一个独特的门类，推进民航服务的创新发展。

 思考题

1．什么是艺术？关于艺术起源有几种学说？
2．什么是技艺？技艺对于民航服务艺术有何重要意义？
3．民航服务艺术的构成要素是什么？它与审美之间的关系是怎样的？
4．谈谈礼仪与审美在民航服务中的重要性。

第二章 民航服务种类及艺术特性

民航服务是一种特殊的服务，不仅种类繁多，而且服务内容丰富且极具艺术性、审美性和高技能性。尤其随着旅游业的迅速发展，中国民航业将弘扬中华民族传统文化作为提高民航服务水平的基石，着力塑造具有文化内涵、审美意识、艺术修养的民航服务人才。基于此，本章就民航服务的文化内涵和其服务社会的意义、民航服务的种类和内容、民航服务中的服务意识、服务态度、行为举止和服务技能的艺术特性等内容进行梳理与溯源，从而阐述民航服务种类的多样性及艺术审美性。

第一节 民 航 服 务

民航服务是一种特殊的服务，是由民航服务人员的服务意识、服务态度、服务语言、服务表情、服务仪态、服务技能等共同组成的一种从精神到行为，由内而外的服务，蕴含着丰富的文化内涵和服务社会的意义。

一、民航服务的内涵

1. 民航服务的含义

"民航"的"民"，《说文解字》注：众萌也。从古文之象。凡民之属皆从民。白话文解释：众氓。"航"字在《说文解字》中并未收录，参考"杭"字定义：渡也。民航是民用航空的简称，是指使用航空器从事除了国防、警察和海关等国家航空活动以外的航空活动，民用航空活动是航空活动的一部分，同时以"使用"航空器界定了它和航空制造业的界限，用"非军事等性质"表明了它和军事航空等国家航空活动不同。中西方对于民航的解释大致相同，都认为与民众、百姓交通运输，或者说，行走方式密切相关。

"服务"在古代是指"侍候，服侍"，随着时代的发展，"服务"被不断赋予新意。1960 年，美国市场营销协会（AMA）最先给服务下的定义为："用于出售或者是同产品连在一起进行出售的活动、利益或满足感。"这一定义在此后的很多年里一直被人们广泛采用。1974 年，斯坦通（Stanton）指出："服务是一种特殊的无形活动。它向顾客或工业用户提供所需的满足感，它与其他产品销售和其他服务并无必然联系。" 1983 年，莱特南（Lehtinen）认为："服务是与某个中介人或机器设备相互作用并为消费者提供满足的一种或一系列活动。" 1990 年，格鲁诺斯（Gronroos）给服务下的定义是："服务是以无形的方式，在顾客与服务职员、有形资源等产品或服务系统之间发生的，可以解决顾客问题的一种或一系列行为。"　当代市场营销学泰斗菲利普·科特勒（Philip Kotler）给服务下的定义是："一方提供给另一方的不可感知且不导致任何所有权转移的活动或利益，它在本质上是无形的，它的生产可能与实际产品有关，也可能无关。"如今，"服务"已成为整个社会不可或缺的人际关系的基础。我们也可以这样来理解服务：服务就是本着诚恳的态度，为别人着想，为别人提供方便或帮助。不同的学科领域对"服务"有着不同的定义。社会学意义上的服务，是指为别人、为集体的利益而工作或为某种事业而工作。经济学意义上的服务，是指以等价交换的形式，为满足企业、公共团体或其他社会公众的需要而提供的劳务活动，它通常与有形的产品联系在一起。

究竟什么是服务？"服"，《说文解字》注：用也；白话文解释：运用，使用；"务"注：趣也；白话文解释：为使命而奔忙。服务是指为他人做事，并使他人从中受益的一种有偿或无偿的活动。不以实物形式而以提供劳动的形式满足他人某种特殊需要，如图2-1所示。

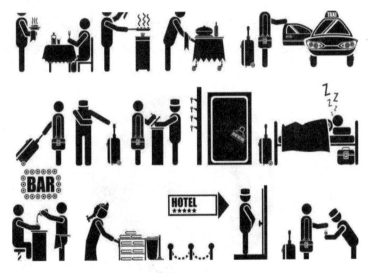

图2-1　服务

民航服务是一种特殊的服务，从狭义角度看，民航服务是以航空器或民航机场候机楼为载体，按照民航服务的内容、规范要求，遵循各大航空公司及机场的差异化服务要求，以满足旅客需求为目的，为旅客提供服务的过程。此种定义强调民航服务是一个规范性的服务行业，而无法涵盖民航服务的全貌与本质，更无法体现民航服务至高无上的境界。

从广义角度看，民航服务是依托不同机场的候机楼或是不同航空公司的飞机客舱为服务场所，以个人的影响力与展示性为特征，将有形的技术服务与无形的情感传递融为一体的综合性活动。此种定义既强调了民航服务的技术性，又强调了民航服务人员服务过程个人素质与外在形象的特殊要求，以及在服务过程中所表现的亲和力与个人魅力。

结合"民航"以及"服务"的定义以及狭、广义角度的理解来综合诠释"民航服务"

的含义，其是指以机场候机楼或航空器上载运旅客的隔舱为服务空间，按照服务的内容、要求及规范，展现民航服务人员个人综合素质及其魅力特征，为旅客做事，并使旅客从中受益的一种有偿或无偿的航空活动，如图 2-2 所示。这种服务活动不以实物的形式而以提供劳动的形式满足进入机场候机楼或者客舱的旅客享受服务与舒适等的特殊需要。

图2-2　民航服务

就"服务"的英文—SERVICE（见图 2-3）来看，蕴含了丰富的美学内容，我们将其表述与民航服务情境结合，分析其中每一个字母的丰富含义，便诠释了"民航服务"的内涵。

图2-3　SERVICE

具体分析如下：

（1）S——Smile、Smart、Speed、Sincere。

Smile（微笑），是指民航服务人员应该对每一位旅客提供微笑服务。

Smart （美丽、帅气），是指民航服务人员应给人一种美丽、亲切、大方的感觉，而且这种美丽应是外在美和心灵美的综合体现。

Speed （及时、周到），是指民航服务人员为旅客提供服务时，以及时周到为原则，使旅客感到民航服务人员随时都在他们的身边，而且有宾至如归的感觉。

Sincere（真诚），真诚的服务使旅客留下美好的记忆，为民航赢得更多的回头客。

（2）E——Excellent（出色）。

即民航服务人员将每一件细小的事情做到非常出色。不忽视每一份细小的工作，是服务的细致体现！让旅客感受到：每一位民航服务人员都是非常优秀的，提供的服务是一流的。

（3）R——READY（准备好）。

即民航服务人员从心理和技能方面都做好了充分的准备，随时准备好为旅客提供服务。只有思想上不放松，才能时时处于"时刻准备着"的状态，才能体现旺盛的精力，也才能应付各种突发的服务需要，才能满足旅客的需求，才能获得旅客的认可。

（4）V——VIEWING（看待）。

即民航服务人员要把每一位旅客都看作需要提供特殊照顾的贵宾，只要是来到民航机场，乘坐飞机的旅客，都是我们尊贵的客人，关注每一位旅客，随时根据他们的需要提供优质的服务。服务不是伺候人，服务是给人以帮助，给人以援助之手，抱有此观念的为旅客服务就有一种高尚感、使命感。

（5）I——INVITING（邀请）。

即民航服务人员在每一次服务结束时，都应显示出诚意和敬意。在旅客下机时、离开机场时，同样要以主人的身份向旅客发出诚挚的邀请，邀请旅客再次乘机、再来机场，要笑迎天下旅客。回头客才是企业的利润的稳定来源。

（6）C——CREATING（创造）。

即每一位民航服务人员要想方设法、精心创造出使旅客能享受其热闹的服务环境及气氛。根据旅客的需求提供周到的服务，在不违反航空公司及机场相关规定的前提下，灵活服务程序，更多考虑旅客的心理需求，把服务工作做到旅客开口之前。永远给我们的旅客耳目一新的感觉，使旅客能享受到最新、最优质的服务。

（7）E——EYE（眼睛）。

即每一位民航服务人员都应该用热情好客友善的眼光关注每一位旅客，学会用眼睛与旅客进行沟通，预测旅客需求，并及时提供服务，使旅客时刻感受到民航服务人员在关注自己。同时，还要随时注意服务环境中可能发生的问题。

2．民航服务的场所

民航服务得以实施，需要有一个固定的场所。机场候机楼和飞机客舱，是民航服务人员直接对客服务的场所，民航服务人员在富有艺术美的候机楼和客舱中尽情地展示他们的极具艺术性的服务，为旅客带去赏心悦目的旅行体验。

机场候机楼是民航服务人员为出行旅客提供服务的第一场所，又称"航站楼"，英文名称是 passenger terminal，是指旅客在乘飞机出发前和抵达后办理各种手续和作短暂休息、等候的场所，是机场的主要建筑物（见图2-4）。

候机楼内设有候机大厅、办理旅客及行李进出手续的设施、旅客生活服务设施及公共服务设施。办理旅客及行李进出手续的设施有：值机柜台、问讯处、售票窗口、交运行李柜台及行李处理系统、安全检查设施以及海关、边防检查、动植物卫生检疫等柜台（见

图 2-5）。旅客生活服务设施有：休息厅、餐饮厅、娱乐室、商店及残疾人车辆等。

图2-4　候机楼

图2-5　候机楼内部分设施

候机楼按登机口布置方式可以分为前列式候机楼、廊道式候机楼、卫星式候机楼和综合式候机楼 4 种类型。登机口是供旅客登机、离机的口门。相对一个登机口布置一个机位，供一架飞机停靠。前列式候机楼是沿候机楼前沿布置登机口和机位。廊道式候机楼是由候机楼的主楼朝停机坪的方向伸出一条或几条廊道，沿廊道的两侧布置机位，对正每一机位设登机口。芝加哥奥黑尔、伦敦希思罗、东京羽田等航空港的候机楼即属此种形式。卫星式候机楼是在主楼之外建一些登机厅，用廊道与主楼连通。登机厅周围布置机位，设相应的登机口。北京首都机场候机楼即采用此种形式。综合式候机楼是采用上述三种或其中两种形式而建造的候机楼。巴黎奥利航空港南候机楼即属此种形式。

候机楼按其建筑物的布局可分为集中式候机楼和分散式候机楼两类。集中式候机楼是候机楼为一完整单元的建筑物，前列式、廊道式、卫星式、综合式候机楼均属此类。集中式候机楼多采用登机桥。分散式候机楼是每个登机口成为一个小的建筑单元，供一架飞机停靠，旅客乘汽车可以直接到达飞机门前。建筑单元排列成一直线或弧线，组成候机楼整体。分散式候机楼一般采用登机车和登机梯。登机车往返于候机楼和飞机之间接送旅客上、下飞机，有普通式和升降式两种。升降式登机车可以升到与飞机舱门相同的高度。登机梯有机上自备客梯和地面客梯两种，一般多在规模小的机场使用。

　　飞机客舱是民航服务人员直接对客服务的另一个重要场所，飞机客舱的服务空间及服务环境和候机楼存在一定的差异。飞机客舱的英文名称是 cabin，是指航空器上载运旅客的隔舱（见图 2-6）。它要求保证旅客生活的舒适安全，设有舒适的座椅、舷窗、行李架、通道舱门、应急出入口、救生设备等。大型客机上还设有厕所、厨房、播音系统、娱乐设施等。客机机身的大部分用作客舱。飞机制造厂可按客户的要求来布置不同的舱位（见图 2-7）。客舱对通风保温、噪声、防火、疏散有很高的要求。对于在 6 000 米以上飞行的客机来说，客舱要增压，以确保旅客的安全和舒适。

图2-6　飞机客舱

图2-7　精心装饰的不同舱位的飞机客舱

按照座位的宽敞度、舒适程度及服务标准的不同可以将客舱分为头等舱、公务舱和经济舱。有的航班上三个等级舱都有，有的只有头等舱/公务舱和经济舱两个等级舱，还有的航班上设置的全部都是经济舱。头等舱一般设在客舱的前部，座椅本身的尺寸和前后之间的间距都比较大。而经济舱的座位设在从机身中间到机尾的地方，座位尺寸小且安排得比较紧凑。公务舱介于两者之间。

头等舱（first class）一般是指在飞机上的一种档次比较高的舱位，价格比公务舱和经济舱贵。头等舱的座位相比其他舱位较宽敞，有的甚至可以平躺，旅客可以在座位之间的桌子上打牌或者摊开自己的文件，或者打开前方视频播放器看电影或者听歌，如图2-8所示。远程航线头等舱个人空间更加私密、座位更加舒适，不仅可平躺，甚至还带按摩、USB接口、电源插头、个人娱乐设备等。头等舱的服务较其他舱位更为细致，餐饮品种更为丰富，餐具更为精致，提供的酒水也更为高端。因此，一般公务人士或商务人士选乘头等舱较多。

候机时，头等舱旅客有专门的头等舱候机室，里面有舒适的沙发、大屏幕电视，还有地面服务人员提供的周到服务。登机时，头等舱旅客不必和经济舱旅客一起排队，可以享受优先登机的待遇。登机后，头等舱餐前可以点饮料。飞机平飞后，不同航空公司会有不同风格的正餐款式供旅客选择，正餐前有甜点水果等。正餐前后统一送的饮料也有很多选择。下机时，头等舱旅客有优先离开飞机的权利。

图2-8 头等舱

公务舱（business class）一般指在飞机上的一种档次比较高的舱位，其价格较头等舱便宜一些，而较经济舱贵一些（见图2-9）。公务舱的盥洗室与经济舱有所隔离，设备也有所不同，有些航班还会准备手巾。公务舱座椅可向后倾斜的角度约为130°到180°之间，平均的座椅间隔为127厘米到160厘米，提供拖鞋、眼罩，以及化妆用具。餐食比经济舱的选择更多。有些航线还提供杯面等轻食。一般选乘公务舱的多为公务人士或商务人士。

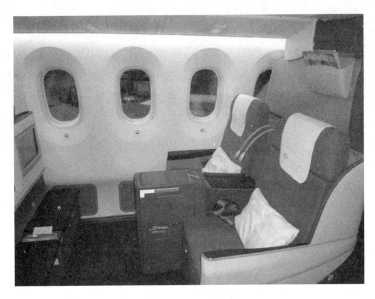

图2-11 公务舱

经济舱（economy class）是旅行时座位等级较低的一个舱等（见图 2-10）。飞机经济舱的座位大多设在客舱靠中间到机尾的地方，约占机身的四分之三空间或更多一些，座位安排得比较紧密。虽然座位不很舒适，空间有限，但因为价格比较便宜，受到很多旅客的欢迎。安全方面也是经济舱的一大优势。一般经济舱设置在飞机的尾部，根据有关科学证据表明，当飞机发生意外情况的时候，坐在尾部靠近走道和距离逃生门最近的人存活率最高。

旅客在经济舱中同样可以享受到乘务员无微不至的关怀，可以享用免费的饮料及具有地方特色的美食。随着国内各大航空公司陆续放开航班上可使用便携式电子设备的规定，旅客可以在飞机平飞后，尽享机上更为丰富的娱乐服务。

图2-10 经济舱

3. 民航服务的文化特性

文化是相对于经济、政治而言的人类全部精神活动。文化和服务密不可分，缺失了文化的服务是没有内涵的，缺失了服务的文化是空洞的。服务种类繁多、内涵丰富，具有无形性、异质性、生产和消费同步性以及易逝性四大特性。

（1）无形性。商品和服务之间最基本的，也是最常被提到的区别是服务的无形性，因为服务是由一系列活动所组成的过程，而不是实物，这个过程我们不能像感觉有形商品那样看到或者触摸到。对于大多数服务来说，购买服务并不等于拥有其所有权，如航空公司为旅客提供服务，但这并不意味着旅客拥有了飞机上的座位。

（2）异质性。服务是由人表现出来的一系列行动，而且员工所提供的服务通常是顾客眼中的服务，由于没有两个完全一样的员工，也没有两个完全一样的顾客，那么就没有两种完全一致的服务。服务的异质性主要是由于员工和顾客之间的相互作用以及伴随这一过程的所有变化因素所导致的，它也导致了服务质量取决于服务提供商不能完全控制的许多因素，如顾客对其需求的清楚表达的能力、员工满足这些需求的能力和意愿、其他顾客的到来以及顾客对服务需求的程度。由于这些因素，服务提供商无法确知服务是否按照原来的计划和宣传的那样提供给顾客，有时候服务也可能会由中间商提供，那更加大了服务的异质性，因为从顾客的角度来讲，这些中间商提供的服务仍代表服务提供商。

（3）生产和消费的同步性。大多数商品是先生产，然后存储、销售和消费，但大部分的服务却是先销售，然后同时进行生产和消费。这通常意味着服务生产的时候，顾客是在现场的，而且会观察甚至参加到生产过程中来。有些服务是很多顾客共同消费的，即同一个服务由大量消费者同时分享，比如一场音乐会，这也说明了在服务的生产过程中，顾客之间往往会有相互作用，因而会影响彼此的体验。服务生产和消费的同步性使得服务难以进行大规模的生产，服务不太可能通过集中化来获得显著的规模经济效应，问题顾客(扰乱服务流程的人)会在服务提供过程中给自己和他人造成麻烦，并降低自己或者其他顾客的感知满意度。另外，服务生产和消费的同步性要求顾客和服务人员都必须了解整个服务传递过程。

（4）易逝性。服务的易逝性是指服务不能被储存、转售或者退回的特性。比如一个有100个座位的航班，如果在某天只有80个旅客，它不可能将剩余的20个座位储存起来留待下个航班销售。由于服务无法储存和运输，服务分销渠道的结构与性质和有形产品差异很大，为了充分利用生产能力，对需求进行预测并制订有创造性的计划成为重要和富于挑战性的决策问题，而且由于服务无法像有形产品一样退回，服务组织必须制定强有力的补救策略，以弥补服务失误。

民航服务是服务的一个分支，与酒店服务、景区服务等有一定的差异性。民航服务具有服务环境特殊性、服务流程规范性、服务内容复杂性以及服务过程艺术性四个特性。

（1）服务环境特殊性。民航服务的环境受到时空和地域等因素的限制，使得其相较于其他服务行业的服务环境有所不同。民航机场候机楼一般远离市区建在市郊，其建筑面积较大、服务区域多为敞开式、较多且较为分散，服务环境较为嘈杂。而飞机客舱更是一个特殊的服务场所，其服务空间狭小，设施功能特殊，人员密集，而且客舱环境既受到飞行状态的影响，又受到旅客心理状态的影响。万米高空的客舱服务，无论是服务空间，还是活动空间，均受到一定的限制。民航服务人员只能在这些有限的服务空间中，因地制宜、因时制宜地为旅客提供服务，满足旅客的服务需求，这对民航服务人员的服务提出了更高的要求，如图 2-11 所示。

图2-11　民航机场及飞机客舱服务空间

（2）服务流程规范性。民航服务不仅要遵循国家民航总局及各公司对于服务标准的规定，还要达到民航安全运行的要求。民航机场为旅客提供的问询服务、值机服务、安检服务等，航空公司为旅客乘机提供的从登机时的迎客服务、空中的餐饮服务等各类服务，再到下机时的送客服务，整个服务的流程完成，标准化、规范化程度高。即便在遇有疫情等特殊情况需要简化服务流程的情况下，也会保证基本的服务流程规范，如图 2-12 所示。遇有特殊情况及紧急情况，还有严格的针对其相应的服务流程及处置规范。

图2-12　地面与空中服务

（3）服务内容多样性。民航服务人员的服务内容不仅包括在正常情况下需要完成的基础服务，还包括为儿童（包括无人陪伴儿童）提供类似保育员的关怀，为轮椅旅客提供家人般的贴心护送，为突发疾病的旅客提供寻找医生及简单急救，遇有失火要迅速灭火（见图 2-13），遇有危险情况需要组织旅客在最短时间撤离、遇有节日还需要策划主体服务等众多特殊的服务内容。另外，在整个服务的过程中，民航服务人员还要根据不同旅客的各类需求，提供个性化服务。民航服务内容较为丰富，要求民航服务人员有条理地开展服务。

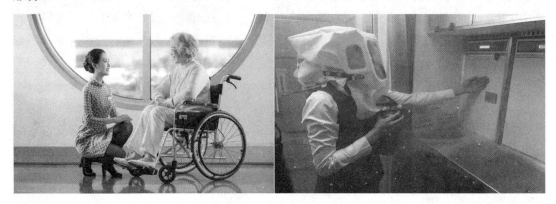

图2-13　轮椅旅客地面服务及客舱灭火

（4）服务过程艺术性。民航服务的对象来自世界不同的国家、不同的地区，他们拥有不同的文化层次、职业、年龄、身份和风俗习惯，他们希望在出行过程中得到更多的舒适感、愉悦感和满足感，期望能享受到更优质的服务来排解旅途中的乏味，如图 2-14 所示。这就对民航服务提出了灵活、主动且富有创造的艺术性要求，民航服务人员必须提高自身的文化修养以及审美意识，掌握丰富的专业知识和服务技能，为旅客提供更周到的服务。

图2-14　外籍旅客服务

文化是民航服务的灵魂，民航服务是文化的载体，民航服务显著的文化特性包括精神性、社会性、集合性、独特性以及传承性。

（1）精神性。这是民航服务最基本的文化特性，其必须与人类的精神活动有关。民航人吃苦耐劳、积极主动、团结协作、勇于奉献和创新的精神，正是民航服务开展工作的源动力，是民航服务深处的灵魂和精髓所在。

（2）社会性。民航服务具有强烈的社会性，它是民航服务人员与旅客之间按一定的规律结成社会关系的产物，是民航服务人员与旅客在联系的过程中产生的，是在共同认识、共同生产、互相评价、互相承认中产生的。

（3）集合性。民航服务是在一定时期、一定范围内的所有民航服务人员共同达成的精神活动、精神行为或它们的物化产品。它是由无数的个体组成的集合，任何单一的个体都无法构成。

（4）独特性。民航服务因为民航业的特殊性、服务范围的延展性、服务对象的差异性、服务空间的局限性等原因，形成了有别于其他服务的服务文化、服务制度、服务理念、服务规范等，具备了独特的服务内涵。

（5）传承性。民航服务是伴随着人类社会的变革以及民航事业的发展出现的。民航服务是一代又一代勤劳智慧的民航服务人传承下来的服务思维方式、服务价值观念、服务审美情趣等服务精神上的共同认识以及服务流程规范、服务技巧等服务行为上的共同实践。

因此，文化特性决定了民航服务的特殊性，丰富了民航服务的内涵，具有重要的社会意义。

二、民航服务的社会意义

民航运输是交通运输的一个重要组成部分。旅客对民航运输的要求不仅体现在对交通工具的安全性和便捷性上，还体现在对民航服务的服务质量、服务的艺术性和审美性上。据资料显示，在对安全、价格、服务等民航问题的关注度的调查中，旅客对服务的关注度占到70%，他们更看重的是民航的服务。因此，民航服务对于整个民航业乃至整个交通运输行业的发展有着重要意义，民航服务的社会功能也因此凸显。

1. 民航服务的社会功能

民航服务是民航服务人员与旅客沟通的桥梁，是一种多元化的服务，具有交流、整合、导向、继承发展以及组织调解五项功能。

（1）交流功能。人类社会创造了语言、文字、符号等人类交往的工具，为人类交往提供了必要的场所，从而保持和发展了人们的相互关系。民航服务人员在服务的过程中正是和旅客运用语言、文字、动作、符号等交往工具，通过语言的或非语言，有声的或像肢体语言那样无声的交流方式，进行着和谐的交流。这样的交流是大量的，是经常的，也是长远的。

（2）整合功能。民航服务是将单一的民航服务个体组织起来，形成一股合力，调整各类服务中存在的矛盾、冲突与对立，并将其控制在一定范围内，维持统一的局面。主要表现在服务文化的整合、服务规范的整合、服务意见的整合和服务功能的整合四个方面。

（3）导向功能。民航服务也有一整套的行动规范，用以维持正常的民航运输秩序，调整多个民航服务个体之间的关系，规定和指导这些个体的思想、行为的方向。这些服务导向，有一些是通过法律等强制手段执行的，是有形的，还有一些是通过长期以来形成的习惯潜移默化的，是无形的。

（4）继承发展功能。个体的生命短暂，个体一代代更替频繁，而民航服务则是长存的。民航服务人创造的物质文化和精神文化，是通过民航服务不断积累和发展的，是会通过一代又一代的民航人不断继承和发展下去的。

（5）组织调节功能。顺应社会可持续发展的要求、交通运输行业发展的要求以及民航业发展的要求，民航服务的各个要素之间会不断地自我调整其地位及职能，使民航服务各要素的结构也相应地发生变化，从而维护社会、交通运输行业以及民航业的进步性。

2. 民航服务的社会意义

民航服务对于社会的发展起到至关重要的作用，具有促进民航业不断发展、推动国民经济不断增长以及助力民航强国战略实施三方面的社会意义。

（1）促进民航业不断发展。民航服务是民航业的窗口，是民航业的形象，是宣传民航业的使者。民航服务还是建立民航企业和旅客之间友好关系的桥梁，是航空运输中最为鲜明的一面旗帜。优质的民航服务是民航业高速发展的坚实保障，是民航业收益最大化的有力支撑。民航服务的不断优化，有助于提高民航企业的发展水平，从而促进民航业的不断发展。

（2）推动国民经济不断增长。随着社会的发展，人民生活水平的提高，越来越多的人选择飞机作为出行的交通工具。民航服务质量的好坏直接影响到旅客是否会再次选择飞机作为交通工具并购买机票的欲望，归根结底也就是影响到民航企业的收益，甚至是民航业的收益。民航业作为影响国民经济的重要行业，其发展水平已经作为衡量一个国家国民经济发展水平的重要指标。伴随着经济全球化的不断发展，优质的民航服务将会为民航业赢得更为广泛的客源市场，进而提高民航业的收益并有效推动国民经济的不断增长。

（3）助力民航强国战略实施。目前，中国的政治、经济、文化等诸多方面对民航的发展具有一定的带动作用，中国民航已经迈入了民航大国的行列。2008 年，在全国民航工作会议上，中国民用航空局党组提出了全面推进我国民航强国建设的战略构想。2018 年11 月，中国民用航空局又提出了《新时代民航强国建设行动纲要》。十余年来，中国民航人一直在奋斗，中国民航一直向着民航强国的战略构想前进。但是，在发展的过程中，中国民航业也遇到了诸如国际上大型航空公司兼并其他航空公司，形成行业垄断等因素的制约。相较于这些历史悠久且实力雄厚的国际民航，中国民航唯有通过提升自身的软实力——民航服务质量，来助力我国民航强国战略的实施。

第二节　民航服务的种类及内容

民航是一个较为复杂与庞大的系统，民航服务是一种特殊的服务，其服务种类繁多，服务内容丰富且极具艺术性、审美性和高技能性。

一、民航服务的种类

民用航空主要由政府部门、民航企业、民航机场三大部分组成。这三大部分既有事业性质的政府机构，又有企业性质的公司，还有半企业性质的空港，因此，对于民用航空来说，保证其迅速发展的前提是这三个部分的协调运行。

政府部门主要指中国民用航空局，简称民航局，英文缩写为 CAAC（见图 2-15），其前身为中国民用航空总局，于 2008 年 3 月改为中国民用航空局。由于民航涉及国家主权和交往的事务多，要求迅速的协调和统一的调度，因此几乎各个国家都设立独立的政府机构来管理民航事务，我国是由中国民用航空局来负责管理。

图2-15　中国民航

民航企业指从事和民航业有关的各类企业，其中最主要的是航空运输企业，即我们常说的航空公司，它们掌握航空器从事生产运输，是民航业生产收入的主要来源。航空公司的业务主要分为两个部分：一是航空器的使用（飞行）维修和管理；二是公司的经营和销售。

民航机场是民用航空和整个社会的结合点，也是一个地区的公众服务设施。因此，机场既带有赢利的企业性质同时也带有为地区公众服务的事业性质，因而世界上大多数机场是地方政府管辖下的半企业性质的机构，主要为航空运输服务的机场称为航空港（简称空港），使用空港的一般是较大的运输飞机，空港要有为旅客服务的地区（候机楼）和相应设施。

民航服务的种类繁多，根据民航服务的特性，大致可以分为以下五类。

（1）民航商品性服务和民航劳务性服务。从是否涉及民航商品价值的转移上看，我们可以将民航服务分为民航商品性服务和民航劳务性服务。商品性服务多涉及旅客机票和货主的货物，而劳务性服务的内容则是纯粹的无形产品。例如，购票订座、物流托运等属于商品性服务，而问询、客舱服务则明显属于劳务性服务。

（2）民航功能性服务和民航理性服务。从服务层次高低上看，民航服务可分为民航功能性服务和民航理性服务。和航空飞行以及货运相关的均属于民航功能性服务，做到了这一点只是满足了旅客对于民航服务的基本需求，其他能够令旅客满意的服务才是更高层次的理性服务。

（3）事前服务、事中服务和事后服务。从旅客及货主接受民航服务的时间顺序来看，民航服务可分为事前服务、事中服务和事后服务。购票订座、行李托运、安检等起飞前的服务统称为事前服务，飞行过程中的客舱服务为事中服务，而后续的离机、行李服务等属于事后服务。

（4）民航地面服务和民航空中服务。从服务的空间上来看，民航服务可以分为民航地面服务和民航空中服务。民航地面服务的服务场所在机场，民航空中服务的服务场所在飞机客舱。民航地面的服务还可以具体细分为直接为旅客提供的服务，即面对面的对客服务，如值机服务、安检服务等，和间接为旅客提供的服务，如行李运输服务、机务维修服务等。

（5）民航旅客服务和民航货物服务。从运输对象上来看，民航服务可以分为民航旅客服务和民航货物服务。民航旅客服务还分为正常旅客服务和特殊旅客服务，民航货物服务又分为民航国内货物运输服务和民航国际货物运输服务。

二、民航服务的内容

民航服务不仅种类繁多，而且服务内容丰富且具有艺术性。根据上述民航服务种类的分类，以民航服务人员直面为旅客服务为依据，可将民航服务的内容分为民航地面服务的内容与民航空中服务的内容。

1．民航地面服务的内容

旅客到达民航机场候机楼后，民航地面服务工作人员与旅客直面服务的内容主要包括问询服务、值机服务、安检服务、航班运行服务以及特殊旅客服务。

（1）问询服务。

问询服务一般有两种类型：一是现场问询服务；二是电话问询服务。现场问询服务是民航服务人员与旅客面对面开展交流的服务，根据候机楼区域划分为隔离区外问询服务和隔离区内问询服务，主要为旅客提供诸如旅客提出的航班信息、机场交通、候机楼设施使用、候机楼方位等问题的直接答复或者指明解决问题方向的服务（见图 2-16）。这项服务受到众多旅客的喜爱，因此，问询服务是民航地面服务的窗口服务。

图2-16　问询服务

（2）值机服务。

值机服务是民航服务人员在机场候机楼的值机柜台为旅客办理乘机手续的服务（见图2-17）。值机服务人员首先需要请旅客出示有效身份证件，进行客票及旅客有效身份证件的查验。其次，值机服务人员按照飞机载重平衡的原则，为旅客安排机上座位。而后，如果旅客有行李需要托运，值机服务人员还需要收运旅客的行李，检查行李包装及所携带物品是否符合要求、将行李过秤、填制并栓挂行李牌、传送行李。如遇有超重行李还需进行逾重行李的收费。最后，值机服务人员交还旅客票证发放给旅客登机牌，同时需要用勾画等方式向旅客说明航班号、目的地、托运的行李件数（如有托运行李）、登机口、登记时间、登机口方向。值机人员还需要做好候补旅客的相关工作。现今，也有很多旅客选择自助值机服务，机场或者拥有值机柜台的航空公司还会选派服务人员专门协助旅客。

图2-17　值机服务

（3）安检服务。

就旅客层面而言，安检服务是民航机场保障旅客安全而采取的一种强制的技术性检查服务（见图 2-18）。首先，安检服务人员进行证件检查，主要要检查乘机旅客的有效身份证件、客票、登机牌，观察持证旅客与证件照片的吻合度，识别伪造、冒名顶替及其他无效证件。其次，安检服务人员通过仪器检查和手工检查的方法对旅客进行人身检查。最后，安检服务人员还要对旅客随身携带的物品及其随机托运的行李进行物品检查。

（4）航班运行服务。

航班运行服务主要分为出港航班的送机服务和进港航班的接机服务。负责出港航班服务的地面服务人员需要提前到达登机口，首先需要通过区域广播，组织旅客有序排队登机（见图 2-19）。其次，地面服务人员需要认真核对旅客登机牌上的信息进行检票服务，并引导远机位乘机的旅客乘坐摆渡车。在这个过程中，地面服务人员还需要观察现场情况，控制廊桥或者摆渡车登机人数，避免出现堵塞或车满未乘的现象。最后，旅客登机完毕后，还需要与相关人员核对旅客人数。如果旅客登机后要求托运行李，服务人员还需要及时通知行拣员快速托运行李，并将行李件数、重量报配载。负责出港航班的接机服务人员需要提前到达指定停机位，如为廊桥接机，地面服务人员需要引导旅客前往到达出口，并目送旅客下扶梯。如为远机位接机，地面服务人员需要引导旅客乘坐摆渡车，注意旅客上下梯安全，在旅客上车完毕后，需要检查摆渡车的车门是否关闭妥当，示意摆渡车司机是否能够发车，并与旅客同车前往到达出口，引导有托运行李的旅客提取托运行李。

图2-18　安检服务

图2-19　航班运行服务

（5）特殊旅客及不正常运输服务。

特殊旅客及不正常运输服务是民航地面服务人员为需要给予特别礼遇和照顾的，或是由于其身体状况等需要特殊照顾的，或是在一定条件下才能运输的旅客提供的服务。其中，政要和贵宾的地面服务一般在机场贵宾厅进行，并负责其上下飞机及引导服务。无人陪伴儿童旅客、轮椅等病残旅客、老年旅客、孕妇旅客等，地面服务人员会协助其填写

《特殊旅客服务通知单》，办理登机手续，引导其至候机楼适合区域休息，带领其上下机并与客舱服务人员做好交接（见图 2-20）。对于临时提出特殊餐饮要求的旅客，在配餐时间允许的条件下，值机员可以为其申请临时加餐，在值机过程中需要注意查看有无特殊餐饮信息，并向旅客进行核实，同时还需要通报相关部门，填写好《特殊旅客服务通知单》。

图2-20　无人陪伴儿童旅客及轮椅旅客服务

不正常运输服务主要分为旅客运输不正常服务以及航班不正常服务（见图 2-21）。旅客运输不正常服务主要包括旅客的误机、漏乘、错乘、超售、无票乘机、登机牌遗失等情况下，地面服务人员对其开展的服务。航班不正常服务主要包括航班的延误、取消、补班、中断、返航以及备降等情况下，地面服务人员对旅客开展的服务。在遇有不正常运输服务的过程中，地面服务人员同样需要一视同仁、积极主动、耐心细心、热情及时地为旅客解决困难，尤其需要关注特殊旅客，尽力为他们提供便利，不得出现与旅客争吵等不礼貌的行为。

图2-21　不正常运输服务

民航地面服务的内容丰富，服务项目繁多，对服务人员的对客服务艺术提出了要求。民航空中服务的内容也同样丰富且具有艺术性。

2．民航空中服务的内容

民航空中服务主要是指航空公司为旅客提供的客舱服务。在旅客搭乘航班的过程中，航空公司为旅客提供迎送客服务、客舱安全演示及安全检查服务、餐饮服务、机上娱乐服务，并针对特殊旅客及非正常航班提供相应的服务。

（1）迎送客服务。

迎送客服务是航空公司乘务员对旅客表达欢迎、感谢与尊重之情的服务，是给旅客留下良好的第一印象及赢得回头客的重要环节。

迎客前，乘务员需要再次检查自己的仪容仪表，以最佳的形象和最优的精神面貌站在指定的工作区域迎接旅客（见图 2-22）。旅客登机后，乘务员需要微笑问候旅客，引导旅客入座，对坐在出口座位的旅客进行出口座位评估，协助旅客摆放行李以及疏通客舱通道。两舱乘务员还需主动为旅客提供迎宾饮料、点餐、挂衣等服务。

图2-22　微笑迎客服务

飞机落地前 30～40 分钟，全体乘务员列队进入客舱向旅客致意，感谢旅客在此段旅途中给予的支持和配合。飞机落地后，乘务员需归还为旅客保管的衣物并站在指定的位置微笑欢送旅客，如图 2-23 所示。

图2-23　微笑送客服务

（2）客舱安全演示及安全检查服务。

客舱安全演示是客舱服务的重要组成部分。在飞机关闭舱门后，客舱乘务员需要准备好安全演示所需物品：救生衣、氧气面罩、安全带以及与所飞机型相符的《安全须知卡》，在有录像设备的情况下通过录像设备讲解，在没有录像设备的情况下通过自行演示的方式向旅客介绍安全演示的内容。演示内容包含救生衣、氧气面罩、安全带的使用方法（见图2-24）以及应急出口、撤离路线、《安全须知卡》的位置。

图2-24　客舱安全演示——安全带演示

客舱安全贯穿于客舱服务的始终。飞机起飞前，客舱乘务员需要进行起飞前的安全检查，检查内容包含：检查厨房设备及机供品是否固定好、电器电源是否关闭等；检查客舱所有行李架是否关好、旅客的座椅靠背是否调直、旅客安全带及空座位上的安全带是否扣好、便携式电子设备是否关闭、坐在出口座位的旅客是否符合安全规定（见图2-25）等；检查洗手间活塞是否压下、马桶盖是否盖好、洗手间门是否锁上等。飞机平飞后，客舱乘务员通过巡视客舱等，继续监控客舱安全情况，包含提醒旅客全程系好安全带、全程监控客舱安全、监管所有进入客舱的餐饮车、监控洗手间是否有吸烟的旅客及有无火灾隐患等内容。2018 年 1 月，国内各大航空公司陆续出台开放空中便携式电子设备使用的规定，飞行过程中无须再检查旅客便携式电子设备是否关闭，只需提醒旅客将其调至飞行模式。飞机落地前，乘务员还需进行安全检查（见图 2-26），除与起飞前安全检查相同的内容外，还需检查有录像设备的飞机上每个电视显示屏是否已被收藏好、旅客用完的饮料和餐具是否已回收等。飞机落地后，在飞机未到达停机位时，需提醒旅客在座位上坐好并系好安全带，不得开启行李箱；舱门打开后，需确保廊桥或者客梯车已对接完毕，旅客方可下机；旅客下机后，乘务员需进行清舱这项例行的安全检查工作。

图2-25　起飞前安全检查：检查坐在出口座位的旅客是否符合安全规定

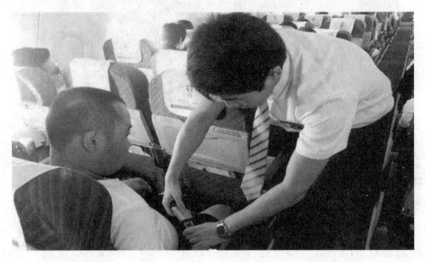

图2-26　落地前安全检查：检查旅客安全带是否扣好

（3）餐饮服务。

机上餐饮服务是客舱服务程序中重要的内容，也是满足旅客生理需求的必备因素。飞机平飞以后，乘务员在服务间为旅客进行餐饮发放前的准备工作。在餐饮广播后，进入客舱为旅客提供饮料和餐食服务。旅客用餐完毕，乘务员还需及时回收相关餐具。

一般国内航线，经济舱至少为旅客配备 5 种饮料，国际航线至少配备 8 种，头等舱和公务舱的种类和数量更为丰富。飞机平飞后，乘务员在服务间冲泡咖啡、茶水，乘务员还需根据不同航线和公司的规定准备相应的酒水。准备好后摆放水车。随后，进入客舱，按照从前到后、从里到外、先女宾后男宾的顺序为旅客提供各类饮料，如图 2-27 所示。有些航班还需进行添加饮料服务。待旅客用毕，回收饮料用具及旅客未喝完的饮料。

图2-27　头等舱饮料服务

随着航空服务质量的提升，各大航空公司的餐食也与地方特色与形式创新接轨。有的航空公司甚至在飞机上邀请名厨进行现场料理。飞机平飞后，乘务员在服务间烘烤餐食，头等舱乘务员还需烘烤面包，并将各类餐食分类烘烤。烘烤完毕取出餐食并摆放至餐车。随后，进入客舱，按照从前到后、从里到外、先女宾后男宾的顺序为旅客提供各类餐食，如图 2-28 所示。待旅客用毕，回收餐具、饮料用具及旅客未用完的餐食、饮料。

图2-28　餐食服务——提供餐食

（4）机上娱乐服务。

为丰富旅客空中生活，各大航空公司会为旅客提供了丰富多彩的机上娱乐服务，包括电子娱乐服务以及报纸杂志服务等。

电子娱乐服务包含机上音频及视频服务，节目种类涉及当日新闻、各类电影、广告等（见图 2-29）。随着各大航空公司出台飞机平飞后旅客可以在飞机上用飞行模式使用便携式电子设备的规定，旅客的空中电子娱乐项目更为充实。

图2-29　电子娱乐服务

依据不同公司、不同机型，报纸杂志服务的阶段大多集中在旅客登机前及飞机平飞后。旅客登机前的经济舱旅客的服务多以其自行取阅为主，头等舱旅客的服务以乘务员提供一套报纸为主。飞机平飞后，乘务员将报纸杂志摆放成扇形、露出刊头，进入客舱，按照从前到后、从里到外的顺序提供给旅客，如图 2-30 所示。

图2-30　报纸杂志服务

（5）特殊旅客及非正常航班服务。

随着经济全球化的不断发展，越来越多的人选择飞机作为交通工具。乘机旅客多元化，在飞行全程中还有一些需要乘务员给予特殊关怀和照顾的旅客，这些旅客包括重要旅客、老人、孕妇、幼（无人陪伴儿童）（见图 2-31）、婴儿、病残旅客（图 2-32）、遣返及在押旅客、团队旅客、肥胖旅客、晕机呕吐旅客以及丢失物品的旅客等。乘务员需要针对每类旅客的特点，依据不同的服务标准及规范，从旅客登机到迎客到飞行中到飞机落地前再到飞机落地，对这些旅客提供服务。

图2-31　无人陪伴儿童旅客服务

图2-32　病残旅客服务

　　在飞行的不同阶段，都有可能出现突发情况，乘务员还需要进行非正常航班的服务与处置。由于航路、天气、空中交通管制、飞机故障等原因，使得航班不能按照公布的时间正常飞行或者无法到达目的地或者不能平稳飞行等，直接导致航班延误、航班取消、返航/备降、颠簸等，乘务员需在此条件下安抚旅客情绪，依据客舱安全与服务流程及规范开展客舱服务与处置（见图 2-33）。

图2-33　航班延误服务

第三节 民航服务的艺术特性

随着社会的发展，人民生活水平的提高，越来越多的人选择飞机作为出行的交通工具。民航服务的服务对象多样，服务种类繁多，服务内容丰富，民航服务人员在对客服务中所展现的服务意识、服务态度、服务礼仪以及服务技能的艺术特性，其中形象性、主动性、审美性等，能够带给旅客良好的旅行体验，也是旅客评判民航服务质量优劣的重要指标。

一、服务意识的艺术特性

"服务意识"的"意"，《说文解字》注：志也；白话文解释：志愿。"识"，《说文解字》注：常也；白话文解释：知道。服务意识是指民航服务人员在与一切民航利益相关的人或企业的交往中所体现的为其提供热情、周到、主动的服务的欲望和意识。即自觉主动做好服务工作的一种观念和愿望。

服务意识的内涵是发自民航服务人员内心的；是民航服务人员应具备的一种本能和习惯；是可以通过培养、教育训练形成的。服务意识有强烈与淡漠之分，有主动与被动之分。服务意识是人类文明进步的产物。

1. 认知性

认知，是指人们获得知识或应用知识的过程，或信息加工的过程，这是人的最基本的心理过程，它包括感觉、知觉、记忆、思维、想象和语言等。"美学之父"鲍姆嘉通认为美学是以美的方式去思维的艺术，是美的艺术的理论；"认识的美"是"以美的方式进行思维的人所取得的成果"。作为民航服务人员，要深刻认识服务意识对于民航服务的重要性，要理解只要有认知的深刻就会有强烈的服务意识。

2. 内在性

内在性是指事物自身所固有的特性，是内在的优点、内在的刺激。民航服务人员能够将认知的服务意识内化于心，做到心灵美，并且能够与旅客产生心灵的共振，是服务意识内在艺术的最高境界。在充分认知服务意识的基础上，民航服务人员要从内心激发强烈的展现个人才华、体现人生价值的观念，充分理解只有首先以别人为中心，服务别人，才能体现出自己存在的价值，才能得到别人对自己服务的认可。此外，还需拥有以民航为家、热爱集体、无私奉献的风格和精神，这样就会有强烈的服务意识。

 【案例链接】

成都航空服管人员在疫情防控中践行初心使命

民航资源网 2020 年 2 月 7 日消息：今年的春运变得格外特别，疫情来势汹汹，防控不容忽视，服务保障怎能松弛！在这特别的日子里，成都航空服管中心干部员工辛勤坚守，在平凡的岗位上，全力以赴，逆风前行……

"行动！在第一时间"

"服管全员立即响应，第一时间准备，团结协作，沉着冷静，努力保证疫情防控和春运工作顺利开展。"1月22日召开的疫情防控第一次会议上，服管中心总经理的话语掷地有声。紧接着，成立防控工作小组，制订防控与生产保障方案，筹措和发放防疫物资，建立疫情信息报告制度，加强应急管理、舆情管理……各项工作紧锣密鼓地推进。

1月24日当晚，服管中心即时响应公司部署，进入全员应急状态：立即停止一线干部员工休假，全部在岗在位，保持工作状态，确保招之能来，来之能战；立即发布防控温馨提示，加强防护宣传教育，加强对一线人员的关心；立即制发安全提示，制定机上防控和航线差异处置措施，更新优化机上服务及餐食机供品配备程序，细化联防联控工作举措；指导一线员工及外委单位、服务供应商抓牢安全、盯住运行、保持敏感、统筹兼顾，确保安全运行的同时，有序开展疫情防控。在部门的统一领导下，924名服管一线员工坚守岗位、履职尽责、众志成城，为打赢疫情阻击战全面出击。

"如果我都怕了，这工作谁来做？"

疫情来势汹汹，人人"谈冠"色变，唯恐避之不及。此时，却有许许多多的平凡人，临危不惧，逆风而行，只为他人的幸福和平安。他们中，不止"白衣天使"，还有白云之上的乘务姑娘！1月27日，大飞机示范产业园外，静静的街。笔者偶遇3名1月上旬执行过武汉航班的乘务姑娘。经过检查，刚结束居家观察的她们，在病毒肆虐、本应与家人其乐融融享受新年团聚时刻的年初三，却攥着手中的《复飞申请表》选择逆行疫情第一线。"只要做好个人防护就可以了，我的个人职责在这里，工作本就这样，如果我都怕了，那这个工作谁来做？"正如她们所言，疫情当前，责任在肩。此时此刻，这场"地面抓落实、云端战疫情"的战斗早已在成都航空客舱悄然打响。

这位叫殷昌慧的武汉籍乘务姑娘，爸妈在武汉被隔离，她却在航班上护送旅客回家，她将对家乡的祈福，对家人的思念，化为了对旅客的更多关怀（见图2-34）；"90后"吉林女孩隋晓迪，已一年未回家的她没等接到通知，主动放弃归程，和父母天各一方度新年，至今仍战斗在服务旅客的第一线……

这样的人，在服管中心又岂止一个！疫情当前，没有人生来坚强、勇敢，一句"穿上制服，就要扮演好自己的角色"，这便是她们给出的答案！

"立足本职，让大家的出行路真的变得无忧"

让我们在把镜头聚焦地服一线：

年初五，双流机场成都航空售票柜台，一名"芙蓉"地面示范组员将自己的备用口罩毫不犹豫地分享给了一家三口（见图2-35）。这一举动看似微不足道，但在病毒肆虐、口罩奇缺的当下，又是多么的难能可贵。或许，这是疫情防控战里一点小小的温暖，但却是服管地服人脉脉的温情。在这特殊的时期，服管地服人一直坚守着一个共同的信念："让每位旅客的'这一程'真的变得无忧"！并为此，没日没夜地坚守，默默无闻地奉献。

图2-34　成都航空武汉籍乘务员殷昌慧执行除夕航班

图2-35　成都航空"芙蓉"地面示范组

航站楼

航站楼，因疫情影响，旅客退票量激增，公司服务电话接听量爆棚，焦急的旅客再也没有了耐心，此起彼伏的电话打进了机场柜台。业务量的激增，高强度的工作，长时间佩戴口罩，让"芙蓉"姑娘疲惫的嗓子不堪重负，但"服务在线，使命也一直在线"，重要时刻，"芙蓉"姑娘从不缺席（见图 2-36）！反倒被旅客戏称为"百宝箱"的"真情服务箱"中的东西不减反增——每日，多了几个给特殊旅客"雪中送炭"的口罩（见图 2-37）。

图2-36　成都航空"芙蓉"姑娘在工作中

图2-37　成都航空设立的"真情服务箱"里为旅客准备了口罩

登机口

登机口，地服人一边为旅客检测体温，一边叮嘱旅客戴好口罩，不厌其烦，一遍又一遍地重复着，检查着……（见图2-38）

图2-38　登机口的成都航空地服人员

"让我们一起为祖国祈福……待我们再次相遇，必将摘下口罩，看见彼此微笑。"特意修改过的登机广播词，唤起旅客共克时艰的信心，不经意间引发着旅客的共鸣。

此时此刻，成都航空服管人，已再次戴好口罩手套，他们攥指成拳，合力致远，勇敢地站在了民航防护疫情的第一线，向旅客们传递着坚强的"成航力量"，用实际行动展现成都航空"服务 用心而至"的理念，在疫情防控中践行初心使命。

3．展示性

展示性是指通过知觉感受，实现预期效果的过程，人类社会中多以信息传达的形式表现。民航服务是技术、境界与艺术的集中体现，需要将真善美展示于服务中。服务意识的展现是一个由内而外的过程。良好的服务意识，要求民航服务人员能够把自己利益的实现建立在服务别人的基础之上，能够把利己和利他行为有机协调起来，会站在别人的立场上，急别人之所急，想别人之所想；为了别人满意，不惜自我谦让、妥协甚至奉献、牺牲，展现出 "以别人为中心"的倾向。

4．创造性

创造性是指个体具备生产新奇独特的、有社会价值的产品的能力或特性，故也称为创造力，核心是创造性思维，发明和发现是其两种表现形式。罗森柏斯曾说过："自信、优雅、敏锐地去做任何事情，这就是艺术。服务是一种永无止境的创造性追求过程，是一种艺术。"明茨伯格也曾提到："艺术是基于想象，依赖于创造性眼光，关注的是新颖性，决策制定形式为归纳。"服务意识应该富有创造性。例如，乘务员戴上用口红画上微笑和爱心的口罩执行新冠肺炎疫情期间运送驰援武汉医疗队的航班，并送上亲手绘制的绘画作品，让医护人员感受到民航服务人员服务的温度，他们用这样的方式给医护人员加油鼓劲儿，如图 2-39 所示。民航服务人员要不断思考，勇于创新，通过创造性服务意识挖掘服务的本质、服务艺术的内涵，抓住机会提升服务水准。

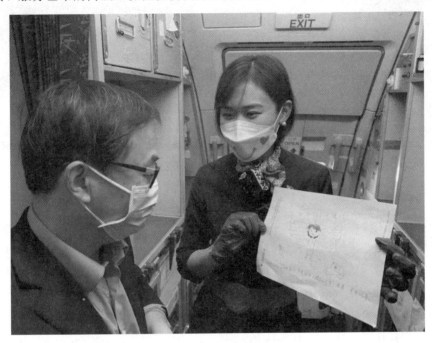

图2-39　乘务员为医护人员带去惊喜

二、服务态度的艺术特性

服务是一门高贵的艺术，态度决定了服务的高度。服务态度是反映民航服务质量的基础，优质的民航服务是从优良的服务态度开始的，优良的服务态度能带给旅客美的享受。旅客一般有两种需求：一是物质需求；二是精神需求。服务态度的作用是满足旅客的精神需求或心理需求。

"服务态度"的"态"《说文解字》注：意也，从心从能；白话文解释：意向。"度"《说文解字》注：法制也；白话文解释：法制依据。服务态度是指民航服务人员为旅客服务过程中，在言行举止方面所表现出来的一种神态。服务态度的内容包括：热情、诚恳、礼貌、尊重、亲切、友好、谅解、安慰等。

1．主体性

主体性是指人在实践过程中表现出来的能力、作用、个人看法以及地位，即人的自主、主动、能动、自由、有目的地活动的地位和特性。民航服务人员对客服务的态度要端正，要急旅客所需，想旅客之所求，认认真真地为旅客办好每件事，无论事情大小，均要给旅客一个圆满的结果或答复，即使旅客提出的服务要求不属于自己岗位的服务，也要主动与有关部门联系，切实解决旅客的疑难问题，把解决旅客之需当作工作中最重要的事，按旅客要求认真办好，如图 2-40 所示。

图2-40　认真为旅客解答疑问

2．主动性

主动性是指个体按照自己规定或设置的目标行动，而不依赖外力推动的行为品质。由个人的需要、动机、理想、抱负和价值观等推动。民航服务人员不仅要掌握客舱服务工作的规律，还要注重服务态度的艺术特性，自觉把服务工作做在旅客提出要求之前，遇有旅客提问，要积极地给予及时的回应，要有主动"自找麻烦"、力求旅客完全满意的思想，做到处处主动，事事想深，助人为乐，事事处处为旅客提供方便，例如，乘务员主动为阅读报刊的旅客打开阅读灯，如图 2-41 所示。

图2-41　为旅客打开阅读灯

3．积极性

积极性是指个体意愿与整体长远目标任务相统一的动机。民航服务人员要待客如亲人，始终保持积极的态度服务于旅客，初见如故，面带笑容，态度和蔼，语言亲切，热情诚恳。在旅客面前，不管服务工作多繁忙，压力多大，都要保持不急躁、不厌烦，镇静自如地对待旅客，不能把自身的情绪表现给旅客。旅客有意见，虚心听取，旅客有情绪尽量解释，决不与旅客争吵，发生矛盾要严于律己，恭敬谦让。例如，机场问询处的服务人员积极耐心解答旅客的疑问、乘务员积极配合小旅客开展阅读活动，如图2-42所示。

图2-42　热情耐心为旅客服务

【案例链接】

急旅客之所急　长龙地服员工获韩国旅客高度赞美

据民航资源网报道：2019年11月2日上午，长龙航空地面服务部值机员白金石在一名韩籍旅客晚到误机的情况下，急旅客之所急，发挥自身懂韩语的优势，协助旅客调整出行方案，并一路电话协助该名旅客与沿途提供帮助的人员进行沟通，帮助旅客当天内顺利到达目的地，获得其高度赞美。

早上7:40，杭州萧山国际机场长龙航空值机柜台前，一名旅客神色非常焦急，当班引导员傅丽婷见状上前询问，但是旅客不会中文，也无法用英文进行沟通。引导员将旅客带到F16号值机柜台前，当班值机员白金石查看旅客证件得知其为韩国人，而恰巧白金石是个韩语通，所以当即向该旅客了解情况。

韩籍旅客是出差来到杭州，原计划乘坐国内某航空公司（非长龙航空）上午07:20的航班从杭州飞往烟台，由于从酒店出来未及时打到车而错过航班。因为语言不通，加上他带着必须当日送往烟台分公司的产品，所以非常着急。

白金石在了解旅客情况后，立即帮其查找当日飞往烟台的航班是否可以改签，但当日已没有杭州飞往烟台的航班了。为了帮助旅客尽快到达烟台，白金石随即为该旅客提供了多种解决方案，供其参考，最后旅客决定改从上海飞往烟台。考虑到上海飞往烟台的路线需要多次中转，旅客语言不通，为了帮助其顺利出行，白金石放弃休息时间，继续积极主动帮助该名韩籍旅客，帮其重新购买机票和大巴车票。当旅客到达杭州东站后，白金石又电话联系东站工作人员为其提供帮助。直到最后该名旅客顺利到达上海虹桥机场，并乘机到达烟台后，白金石才放下心来。

旅客当天就发来感谢信，在信中动情地说道：虽然没有乘坐过长龙航空，但是感受到了你们的真心，这充分证明了中国航空公司真的很棒。身为韩国友人第一次在外感到了在家的温暖，我很幸福，期待下次乘坐长龙航空。

服务工作发乎心，践于行。长龙航空地服人始终以提高旅客满意度为工作重心，想旅客之所想，急旅客之所急，用心帮助旅客解决问题，他们的热心与真情也得到了旅客由衷的赞美。公司将继续践行服务质量标准，深化全员真情服务工作理念，共享"予人玫瑰，手有余香"服务建设成果。

4. 细致性

细致性是指办事精细周密。民航服务人员要善于观察和分析旅客的心理特点，懂得从旅客的神情、举止发现其需要，正确把握服务的时机，服务于旅客开口之前，效果超乎旅客的期望之上，力求服务工作完善妥当，体贴入微，面面俱到，例如，地面服务人员与乘机的老年轮椅旅客悉心交流，乘务员为熟睡的旅客盖上毛毯，如图 2-43 所示。

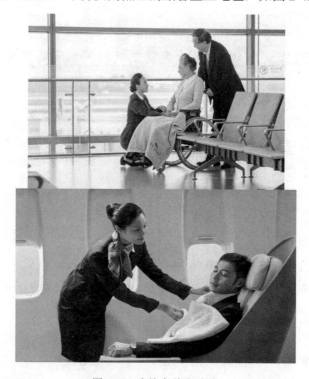

图2-43 为旅客盖上毛毯

5. 展现性

展现性是指明显地表现出来。民航服务人员要有较高的文化修养，语言健康，谈吐文雅，衣冠整洁，举止端庄，待人接物不卑不亢，尊重不同国家、不同民族的风俗习惯、宗教信仰和忌讳，事事处处注意表现出良好的态度，这是一种精神风貌，如图 2-44 所示。

图2-44　热情问候旅客

三、服务礼仪的艺术特性

服务礼仪是民航服务人员必备的素质和基本条件。出于对旅客的尊重与友好，服务人员在民航服务中要注重仪表、仪容、仪态和语言、操作的规范；热情服务则要求民航服务人员发自内心热忱地向客人提供主动、周到的服务，从而表现出民航服务人员良好风度与素养。

1. 形象性

形象性是指艺术形象在具体生动方面所达到的程度。民航服务人员的外在职业形象包括民航服务人员的发型塑造、容貌修饰以及服饰搭配。民航服务人员的职业形象代表了航空公司的形象，是旅客享受美的需要，也是其职业生涯发展重要的保障。民航服务人员工作时发型应符合标准，着淡妆，按规定及规范穿着制服，佩戴配饰，如图 2-45 所示。

图2-45　民航服务人员职业形象美

2．审美性

审美性是人类理解世界的一种特殊属性，是指人与世界（社会和自然）形成一种无功利的、形象的和情感的关系状态。民航服务人员的行为举止包括目光、微笑站姿、坐姿、行姿、蹲姿以及手势。民航服务人员在服务中应做到目光柔和、微笑甜美、站姿挺拔、坐姿典雅、行姿流畅、蹲姿优雅、手势恰当，用优美典雅的行为举止给旅客营造"有温度"的民航服务，体现民航服务人员的形态美，带给旅客良好的审美体验，如图2-46所示。

图2-46　民航服务人员职业仪态美

3．情感性

情感性是指能够表现、传达、交流和激起人的情感的特殊性能。言为心声，语为人镜。民航服务人员必须掌握文明用语，要礼貌谦虚，要富于情感，要运用"请"字当头及"谢谢"结尾的原则。与旅客交流时语音要清晰、语气要柔和、语调要舒缓、语意要准确，努力打通民航服务人员和旅客之间的感情沟通，如图2-47所示。

图2-47　民航服务人员与旅客沟通交流

【案例链接】

山航客舱部开展中秋节机上特色服务活动

据民航资源网报道：2019年9月13日，农历八月十五，是历史悠久、内涵深厚的中秋节，山航客舱服务部在济南、青岛、厦门、烟台、重庆、北京出港的航班上开展了"启福迎祥福满中秋"主题机上特色服务活动，各地鲁雁乘务员与广大旅客相聚万米高空，弘扬传统文化，感怀幸福生活，共度团圆佳节。

执飞当日精品航线的山航鲁雁乘务组身着特色服饰，提前用定制的贴纸、灯笼等精美的物件将客舱装饰，使旅客一登机就感受到了客舱内温馨祥和的节日气氛，如图 2-48所示。

"女士们，先生们，恰逢阖家团聚的喜悦时刻，我们有幸与您相聚在这三万英尺的高空，在此，我代表机组全体成员，感谢您选乘山东航空公司航班。"随着客舱广播响起，机上活动正式拉开帷幕。首先是快速抢答环节，乘务员们介绍了有关中秋节的小知识，请旅客们抢答，旅客们热情高涨，纷纷踊跃作答，回答正确的旅客还得到了精美礼品，客舱里充满了欢声笑语和阵阵掌声。

"小饼如嚼月，中有酥和饴。默品其滋味，相思泪沾巾。"月饼蕴涵了中华民族对团圆的美好寄托，过中秋，当然要吃月饼！随后，乘务员们为旅客准备了月饼和红茶，邀请旅客诵读与中秋有关的古诗词，并送上了中秋祝福。旅客们纷纷表示很幸运能够选乘山航航班，切实体会到了鲁雁"真心、真情、真挚"的厚道服务。

图2-48　身着传统服饰的乘务员与旅客交流

四、服务技能的艺术特性

"服务技能"的"技"，《说文解字》注：巧也；白话文解释：巧妙用力的方法。"能"注：熊属。足似鹿。从肉目聲；白话文解释：能（熊）是兽的中坚，因此称贤者为"能"；而强壮者，则称为"能杰"。服务技能是指民航服务人员在服务旅客时需要用到的技能，服务技能是构成服务素质的一个最重要的组成部分。

1. 规范性

规范性是指凡是有人群的地方，每个人的一言一行，一举一动都有一定的规矩和标准。规范的民航服务技能标准要求是由民航总局及国家相关部门共同制定并发布的民航服务工作应达到的统一标准，要求从事该项服务的服务人员必须在规定的时间内按照此标准进行服务，包括服务的操作规范、操作流程等，如图 2-49 所示。例如，值机人员在为旅客办理乘机手续的时候，就是按照规范化的操作流程和标准为旅客进行服务的。

图2-49　规范化服务技能：广播

2. 差异性

差异性又称差别性。差异分为外在差异和内在差异。外在差异是事物彼此间的不同点；内在差异是事物内部具有的对立因素和对立趋势，即事物自身尚未激化的矛盾。在规范化的基础之上，依据服务对象的不同、各公司服务的差异以及可能出现的突发情况，民航服务人员需要展现其服务技能的差异化，以此满足不同旅客个性化的需求。例如，老年旅客有别于一般旅客，民航服务人员与其交流时，语速需要放慢、音量需要提高。服务技能的差异性要求民航服务人员服务技能展现出更为细化、更加具体、更具创造力、更贴近旅客的需求、更能体现高层次及高境界的服务质量的特性。

 【案例链接】

"三八"妇女节福利　厦航客舱变"公主房"

据厦门网-海西晨报报道：在"三八"妇女节当天，走进厦航厦门—昆明 MF8405 航班的旅客们，被眼前的一幕惊呆了：粉色的机舱、捧着鲜花的男神，还有玫瑰蛋糕和水晶鞋，置身其中，恍若进入了童话中。这两天，与"三七"女生节和"三八"妇女节有关的话题火遍了网络，厦航也策划了一起"3·7 女生节"及"3·8 女王节"的特殊活动——把一架飞机的客舱布置成了粉红色的"公主房"，客舱全部装饰成粉色，前后壁板、行李架、舷窗边、小桌板都贴上了玫瑰花图案。

与以往的航班服务流程不同，特色航班的副驾驶是女飞行员，客舱服务的则是男性。航班送餐程序结束后，空少从驾驶舱里请出当班的女飞行员向旅客问候，随后，空少表演活力四射的热舞版"安全须知",为每一位女旅客献上粉色玫瑰,如图2-50所示。

真正的高潮是神秘大奖的诞生,伴随着美妙的音乐,穿着王子服装的男乘务员单膝跪地,为最幸运的旅客戴上王冠,携手邀她一同缓步走到前舱,呈上一个精致的礼盒,打开礼盒,里面竟然是一只闪光的粉色水晶鞋。

图2-50 个性化服务技能

3. 技巧性

技巧性是指基本方法的灵巧运用,是巧妙的技能。民航服务人员进行对客服务时,在规范化和个性化的基础上,还需要把自身学到的服务方式和服务技巧灵活运用,如同在一张白纸上绘出一幅令人赏心悦目的盛美之图,让被服务的对象拍手称赞。服务技能技巧性要求民航服务人员以规范化及个性化服务技能为基础进行灵活运用,对待同一个服务动作或者服务技能难点,能够找到更快、更准、更高效、更巧妙的方法灵巧运用,例如,乘务员清点餐食时,运用服务技巧,既能够提升准确性又可以提高效率。民航服务人员如能巧妙地运用服务技巧,将提高民航服务质量及旅客满意度,如图2-51所示。

图2-51 运用服务技巧为旅客服务

【案例链接】

厦航红眼航班上的暖心早餐

据民航资源网报道：2019 年 7 月 6 日，MF876 曼谷-福州航班刚一落地，周诏乘务组便收获了一张感谢信，让他们没想到的是，这封来自旅客刘女士的感谢信，是因为她所乘坐的红眼航班上提供的一次及时周到的早餐服务。

受前序航班影响，刘女士搭乘的 MF876 航班延误至凌晨 3:40 才起飞。考虑到红眼航班多为团队出行旅客，旅途辛苦，周诏在航班前特别交代，对休息旅客要使用免打扰卡，记录座位号，以便旅客醒后能及时提供餐食。

小旅客由于飞机起飞时候压耳朵，不断哭泣，周诏找来糖果安慰，并不断给小旅客讲故事分散注意力，如图 2-52 所示。

起飞后，刘女士和其他旅客纷纷进入睡眠状态，乘务组调节客舱灯光，营造舒适的休息环境；使用免打扰卡，加强客舱巡视。早上六点多，醒来的刘女士误以为错过了早餐，正在懊恼，乘务员郑景华便注意到了她，并第一时间就送来一直在烤箱中保温着的餐食。乘务员杜森担心刘女士刚睡醒胃口不好，便为她提供了留存的榨菜，细致的举动得到了刘女士的肯定。她在信中称赞：乘务组的"预见式服务"简直不能更贴心了，如图 2-53 所示。

航班毛毯发完了，郑景华将制服外套给旅客，还用矿泉水瓶自制热水瓶给旅客。

旅客多、行李多、团队多、需求多、延误多、夜航多的旺季，对乘务组的服务提出了更高的要求。周诏乘务组完美地诠释了服务技能技巧化，展现了客舱服务的艺术特性，也让旅客有了更好的乘机体验。

图2-52　乘务员安抚小旅客

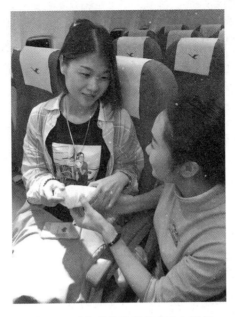

图2-53 乘务员为旅客带来贴心服务

4. 艺术性

艺术性是指人们反映社会生活和表达思想感情所体现的美好表现程度。旅客选择民航服务，希望获得多层次的审美感受，进而产生更为深刻的审美体验。民航服务人员要加强对旅客审美需求、审美心理的研究，提升自我的审美意识以及艺术修养，不能机械地展示服务技能，而要通过一系列具有艺术性的服务作品，如餐食摆盘（见图 2-54）、餐巾折叠、服务用品摆放、各类广播播报等展现出符合"美的规律"的具有美感的服务技能，让旅客感受服务技能的艺术性，获得审美感受、产生审美体验。

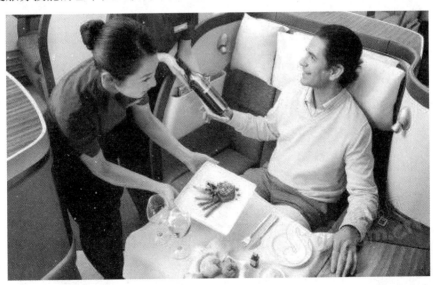

图2-54 乘务员为旅客提供精美的餐食摆盘

　　民航服务人员的综合职业素养及服务环境质量是决定民航服务水平的重要因素。深入理解服务意识艺术特性，充分展现服务态度艺术特性，完美展示服务礼仪艺术特性，恰当运用服务技能艺术特性，通过提升民航服务人员自身的综合素养，来提高民航服务质量，从而促进民航服务业的发展。

 思考题

1．民航飞机头等舱、公务舱以及经济舱有何区别？
2．如何在民航服务工作中体现服务的内涵与特征？
3．什么是民航服务？有何特点？
4．民航服务的种类及内容有哪些？
5．机场候机楼的种类有哪些？
6．民航服务中如何体现服务意识的艺术特性？
7．如何在民航服务中体现良好的服务态度的艺术特性？
8．如何体现民航服务中服务人员的行为举止美？
9．民航服务技能的艺术特性有哪些？

第三章　民航服务语言艺术

　　语言艺术是艺术的一个门类，它是运用语言的手段创造审美的形象的一种艺术形式。语言艺术除了字词句段上的考究，还依靠声调、语气等来塑造艺术形象，传达审美情感。民航服务过程中语言是服务中必不可少的要素，要使语言真正成为资源，变成创造财富的工具，我们就少不了要掌握民航服务语言艺术的运用。本章将从语言艺术、民航服务中的声调、民航服务中的语气三个角度，探讨语言艺术在民航服务中的重要性和特殊意义。

第一节　语言艺术

　　语言是人类情感交流的一种形式，语言艺术是一种深内涵、高层次的学问。语言艺术的传达是陶冶旅客艺术情操、丰富旅客审美需求，提升旅客情感价值的载体。如何运用唯美的语言艺术是人类心灵交流的关键，在民航服务艺术中尤为重要。

一、语言和语言艺术的内涵

1．语言的内涵

　　"语"，从词性上解释有动词和名词两种。作为动词词性的"语"，形声：从言，吾声。本义：谈论；议论；辩论。还表示为，交谈，说话。亦指代为鸟兽虫类鸣叫。如出自牛峤《菩萨蛮》中的"君裙香暖金泥凤，画梁语燕惊残梦"。作为名词词性的"语"，表示说的话。如出自《汉书·李广苏建传》中的"张胜闻之，恐前语发"，《谷梁传·僖公二年》中的"唇亡则齿寒"。名词的"语"还表示为词语、语言，如杜甫的"为人性僻躭佳句，语不惊人死不休"。

　　从广义上来说，语言是采取某种共同的处理规则与方式以达到沟通和交流目的的一种指令。所以，除了人类社会中诞生的语言，还包括实现沟通目的的动物语言，以及诞生于现代科技的指令式的电脑语言。狭义上的语言是指人类社会中沟通交流中所用的一种符号，它通过词汇这个子系统，遵循着语法规律编码构成，形成了特有的符号系统。本节所指的语言特指为人类社会交际的工具——沟通语言。

　　语言是因社会的产生而诞生，并因社会的发展而发展。遵循着社会的潮流性与时代性的脚步，语言便有了一定的艺术性。语言艺术是说写者根据交际内容和语用环境，按照自己的美学思想，巧妙地选用语音材料，利用语言去表达思想情感的一些技巧。这种技巧是由"想而移为辞"的方法，借用现代语学的术语来说，它就是如何把深层的思想，巧妙地转换成表层的语言，是人们生成语言的一种能力。这种能力既要能造出符合语法的句子，又要能造出形象生动具有艺术魅力的句子。语言艺术实际上就是语用美化。古今中外许多杰出的语用艺术家，都是千方百计地美化语言，高尔基说过："只有用合适的优美外衣（指语言）装饰了你的思想的时候，人们才会倾听你的诗。"我国唐代的李翱也曾经在《答朱载言书》中说过："义虽深，理虽当，词不工者不成文，宜不能传神也。"杜甫的"为人性僻耽佳句，语不惊人死不休"也体现了千古文人雅士对语言艺术的追求与执着。曹雪芹说："看来字字皆是血，十年辛苦不寻常。"这一说法充分表达了艺术家呕心沥血美化语言的共同心志。

2. 语言艺术的内涵

何为语言艺术，历来人们有不同的看法。有人认为，语言艺术即是单纯地、片面地、孤立地从语言形式上进行美化，仅仅从音韵、词汇、语法、修辞上下功夫。他们把语言美化看成是纯语言技巧问题；还有人认为，语言艺术只是片面地、孤立地从语言内容上进行，仅仅从语言内容的深刻、健康等方面下功夫。这两种倾向都是不妥的，它们割裂了内容和形式的联系。

语言艺术是语言内容和语言形式的完美统一而形成的，两者之间如同血肉不能分离。语言艺术应当兼顾内容和形式两个方面，注重两者互相依存、相辅相成、对立统一的辩证关系。

语言艺术中的内容主要包括语言表达的思想、感情、形象、趣味等。因此，语言内容的美也包括思想美、情感美、形象美、趣味美。要美化语言内容就要使语言具有深刻的思想、丰富的智慧、新颖的见解、高尚的情感、健康的意趣。

语言艺术中的形式主要指，表达思想情感所凭借的语音、词汇、语法、修辞之类的技巧等，因此，语言形式美也就包括语言的声音美、词句美，要美化语言的形式，就要使语言具有和谐的声韵、恰当的词句等。

"言为心声"，语言是心灵的外在表现。只有心灵高尚的人，语言才会是美的。说假话、空话、大话，满口污言秽语之徒，其精神境界必定低下，或修养不佳，或心地不善，语言美不美首先决定的是语言内容的美不美。

我们说语言美是不能脱离艺术技巧去表现，去创造的。语言的艺术性升华了语言的美感。所以，对语言艺术的定义，因首先决定语言内容美，这并非轻视语言形式美，否定语用技巧，事实上，许多语言艺术家对此都有过精辟的论述。先贤们分别从不同的角度批评了忽视技巧的问题，告知人们应当高度重视语用技巧。但无论强调哪一方面，都不能实现语言艺术的完整性。语言艺术即是语言内容与语言形式表达的有机统一，通过语言的技术性表现，实现升华语言情感的艺术性。

我们不得不惊叹于语言的神奇与魅力，它奇妙而又复杂，它能用少量而简单的符号去表达丰富而复杂的思想与情感。艺术来自现实又超越现实，人们创造艺术的最终目的不只是为人们提供美的享受，还要让人们有能力去改变自己的生活。艺术的具体性、形象性可以为我们提供大量可供选择的特质和形式，是使现实生活走向审美化、艺术化的依据。但是，语言艺术可以一方面丰富语用者的情感和想象，还可以唤起语用者曾经体验过的情感，然后又可以促使语用者用言辞将这种情感表达出去感染他人，而情感的表达又要通过想象凭借特定形象向人们显示或表现情感。另一方面，语言艺术又可以训练语用者对事物形象的敏感，对美感特质和形式的敏感，一个人对艺术的获得可以来自科学，但更多的是来自对艺术的感受。

二、语言艺术的特点

语言艺术具有审美性、形象性、情感性、主体性、情境性、复合性等特点。

1. 语言艺术的审美性

语言艺术的审美性是指，运用语言来塑造艺术形象，传达审美情感。语言不仅是交际和思维的工具，它同样是一种艺术媒介，是一种艺术符号，在交流和认识世界的同时，语言还使人们从中获得一种美的感受，就像音乐的音符和绘画的线条创造美感一样。运用语言塑造出的艺术形象和艺术氛围能感染读者，使读者感到愉快和满足。马致远的小令《天净沙·秋思》可以看作是典范。"枯藤老树昏鸦，小桥流水人家，古道西风瘦马。夕阳西下，断肠人在天涯。"整齐的语言结构，勾勒出的生动的形象，使读者沉浸于游子那凄婉的心绪中，引起审美的共鸣。

2. 语言艺术的形象性

语言艺术的形象性是指，语言具有塑造艺术形象的功能。艺术形象虽然不能通过读者的感受器官来直接把握，但它通过语言这一中介，激发读者的想象，同样可以使得如闻其声，如见其人，产生如临其境的审美效果，使艺术形象活灵活现、栩栩如生地呈现。语言艺术它不仅能描绘外部世界，而且能够深入人的内心世界，直接揭示各种人物复杂的情感、丰富的精神世界。通过积极活跃的联想和想象，在自己的头脑中呈现出活生生的形象画面来，这就是语言艺术的形象性。

3. 语言艺术的情感性

语言艺术的情感性是指，任何语言作品都包含着语言艺术者的主观情感。情感性越浓烈，越能感染听者，就越富有艺术魅力。语言作为媒介，在表现人物的内心情感世界上，具有得天独厚的优势。正是由于语言能够深入人的精神世界，直接披露出人物最复杂、最丰富、最隐秘的情感，使得语言艺术塑造的形象更加真实、更加深刻。另外，语言艺术的情感性也离不开语言艺术者的思想性，因为这种情感往往是在语言艺术者的理性思想指导下成为具有特定的爱憎情感倾向。这其实就是语言艺术者的爱憎、褒贬淋漓尽致体现在自己语言作品中，用语言传达自己的情感和艺术思维。

4. 语言艺术的主体性

语言艺术的主体性是指，语言艺术的高低，是后天训练的结果，一个高水平的语言艺术者，应当具有丰厚的生活积累，具有正确的世界观，具有较高的认识水平，这样他就善于运用艺术的眼光观察、理解、把握生活的特殊性，就能够把个人情感与总体精神潜流，协调在一个感性的生命体中。生活中不是缺少美的语言，而是缺少创造性的发现与提炼，艺术曝光要有穿透力，就常常要借用其他科学武器，不过那些武器只是积淀在审美眼光中悄悄起作用，比如关于语言幽默，卓别林说："记者问我是怎样为某些影片想出了那些笑料来，直到如今，对此，我仍旧不能做满意的答复。许多年来，我发现那些笑料是由于强烈的欲望产生，由于你不断地想，你的头脑就会变成一个瞭望台，经常注意那些可能刺激想象的事物——如听音乐，看日落，都可以使你想到一个主意。"卓别林的经验是很有借鉴意义的。他清楚地告诉我们，要提高语言艺术的水平，就要不断提高心灵的品位，不断加宽增厚生活的层次。

5. 语言艺术的情境性

语言艺术的情境性是指，一个高水平的语言艺术者懂得审时度势，懂得依托情境传递自己的情感，表达出自己的情绪。语言艺术的情境性具体表现为：首先是言之有礼。话语者说话内容得体，懂得看对象，讲究说话方式，注意场合，语言内容符合语境。有位富人为儿子过生日，许多亲朋好友前来祝贺，家里喜气洋洋。有人说："您的儿子将来一定做官！"有人说："您的儿子将来一定发财！"他们都受到了主人的热情款待。其中只有一人说："您的儿子将来肯定是要死的。"他的话刚说出口，就被家丁狠狠揍了一顿，赶了出去。不懂得辨析语言情境的话语者，只会是事倍功半。其次是言之有物。话语者的语言内容明确，不说空话，套话，啰唆话，能结合情境与具体实际情况表达出自己的真实情感。再次是言之有序。语言表达者在表述自己的观点时能做到语序合理，语法正确，符合常规的语言表达方式。最后是言之有节。话语者表达的内容简明、重点突出，条理清晰。中国古代诸多文人骚客都喜欢游历四方，他们在欣赏美景的同时更是激发了他们的创作灵感，诸如"会当凌绝顶，一览众山小""不识庐山真面目，只缘身在此山中"等千古佳句，他们置身于自然环境这个大情境之中，并通过语言文字传递出艺术性美感，达到文景共赏的效果。

6. 语言艺术的复合性

语言艺术的复合性是指语言艺术性表达可以是语言文字的无声表达，也可以是口语表述的有声传递。我们所说的语言的主体性和情境性都是在语言的复合性中实现了艺术升华，它们彼此之间是无法单线脱离的。离开了无声的文字语言，有声的语言缺乏了内容上的饱满感。摒弃了有声语言的文字语言是不可能实现艺术性的美感的。此外，我们在交流的过程中传递信息的有声语言，经常会借助副语言和形体语言。民航服务人员礼貌的有声语言加上甜美的微笑，其服务效果是特佳的。另外，听人说话，不仅要听语音、辨词义、品情调，还要察言观色，看对方的表情和举止，要调动眼睛和耳朵等感觉器官，同时去接受各种信息。注意语言艺术的复合性，在使用语言过程调动各种方式积极配合，对拓展语言功能是大有裨益的。

民航服务语言属于语言中的一个门类，基于语言艺术的审美性、形象性、情感性、主体性、情境性、复合性的特点，又结合了民航服务职业的特殊性，展现出民航服务语言独具特色的语言艺术。民航服务语言艺术中包含了民航服务语言中的声调语言和语气语言，从声调语言的轻、重、缓、急展现民航服务语言中的声调艺术，又从语气语言的停、重、笑突出民航服务语言中的语气艺术。民航服务语言中运用声调和语气，传递出别样的生动语言，既有丰富的感情色彩，又彰显了语言者的审美内涵，更升华了民航服务中的语言艺术，让民航服务语言不再只是"交流工具"，更是一种艺术作品。

第二节　民航服务中的声调

语言艺术的运用首先涉及的就是声调艺术。语言中的声调包含声音的高低、轻重、缓急，在人类语言交流中呈现出不同声调的感情色彩。在民航服务艺术中，声调是极为重要的艺术表现形式，它能体现出服务人员的艺术修养和审美意趣。

一、声调的艺术表现

声，也可意为音乐舞蹈。《说文解字》曰："声"，音也。我们现在一般说声是由物体振动产生的声波。《礼记·乐记》："感于物而动，故形于声。" 老子说，音和声是互相对立而产生和谐。声指的是因外物作用于物体而发出的声响，是敲击或演奏乐器所传递到人耳朵里的旋律，如大鼓、笛子、琵琶、古筝等乐器发出的声响。

调，和也，从言周声，徒辽切。

单纯从声调的字面含义来解释，声调就是声音与调值，即声调就是声音的高低升降的变化，声调又叫字调。声音的发出是与呼吸、发声、共鸣、咬字四个环节紧密相连的。而人类的发声器官是以肺、气管、喉头、咽腔、口腔、鼻腔等作为发声载体，最终组合实现声音的衔接，如图 3-1 所示。正是因为人类发声结构的特殊性，才有了在声音基础上的调值的起伏变化，才有了依托情感变化的声调差异。语言表达者通过强化声调，突破交流障碍或思维限制，将有声的话语升级为有声艺术。

世界上的语言可分成两大类：一是声调语言；二是非声调语言。汉语和汉藏语系的其他语言、非洲国家的一些语言是属于声词语言，欧洲的瑞典语只有两个声调。声调语言的最大特点是，声词可以区别词义，一般来说，一种语言中声调数量越多，音节的数量往往越少。声调多的和变化明显的语言，会使语言增加音乐美。另外，声调在电声系统中，抗干扰的性能很强。声母、韵母遭到较大破坏时，声调却能保持原来的高低起伏变化，这就使得人们有可能依据声调来辨别语言的意义。所以在话筒前、屏幕前工作的语言艺术家掌握好声词是比较重要的。英语、法语、俄语、德语等语言，不存在声调问题，属于非声调语言，也称语调语言。声词的变化不起区别词义的作用，一句话即可发成平声调，也可发成上升调。非声调语言，可以使一句话产生不同的语调。如陈述、疑问、祈使（命令）、感叹等这样的不同句型，它的语调是不一样的。由于非声调语言，无声调可讲，因而它的音节数量相应的比较多。

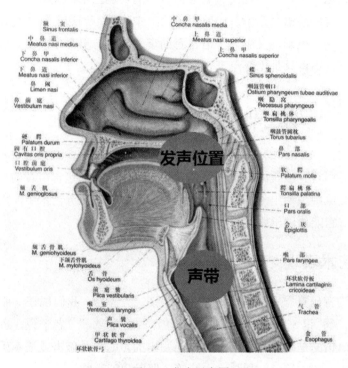

图3-1　发声示意图

　　只是由于声调不一样，意思就不一样了，因为声调起着区别词意的作用。可见声调在汉语普通话的音节中是重要的组成部分，从事语言艺术的人来说，不应忽视它。声调就是物理上的所谓的音高。声调的高低升降就是音高的高低升降。它可以表现出音节的高低变化，在发声过程中，声带振动的频率高，声调就高。声带振动的频率低，声调就低。声带振动由慢变快，声调就是上升调。声带振动由快变慢，声调就是下降调。比如有时在高喊，有时在低语，它和区别语意没什么关系，这是绝对的音高。声调的阴平从开始到结尾一直是高的，高而且平，不升高也不降低，称高平调。阳平从中往上叫中升调。上声从半低降到低，再升到半高，叫降升调。去声从高处降到最低处，叫全降调。声调（见图 3-2）的高低升降同韵母中各音素的结合一样，即声调从两个音高到另一个音高的变化是滑动的，而不是跳跃的。正因为声调的滑动性的律动，才成就了语气中的不同情感表达。声调与语气是息息相关的语言表达形式，过高的声调给人的语气多是压迫性和紧张性，过低的声调则会带来沉闷和压抑的语气。语言艺术多种多样，风格各异，作品五花八门，方式丰富多彩。语言环境也有场地的大小、听众观众的多寡、气氛条件的不同。由于内容、方式、环境的各异，对语言表达者而言，无论是音量的大小，声调的高低升降，语气中的情感，声音的色彩都有一定的技术要求和艺术标准。同样，民航服务语言声调也是十分富有艺术性的，更讲究语速、节奏、高低、音色等。

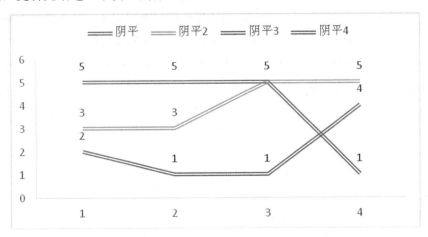

图3-3　声调示意图

二、民航服务中的声调

民航服务中的声调语言是一门内容丰富、技艺性很强的学问。声调语言的含义也就是把书面语言变成为经过加工的口头语言，它不是简单的传达语言，而是表达语言，再创作的意义就在于此。作为负载内容、情感的噪音来说，可以说它是创作的基础。噪音好、语音准确、吐字清楚等，是声调语言表达者应该掌握的基本技能。民航服务人员应在深刻理解作品内容的基础上，运用声调语言表达的各种技巧，激发旅客的情感、拨动旅客的心弦，达到交际的目的。民航服务中的声调具体表现为以下几点。

1. 掌握声调

自古以来，人们都是运用抑扬顿挫、起伏多变的声调和语调来表现和传达自己的情感。英语、法语、日语等语言如此，汉语更是如此。在现代汉语中，语调是以声调为基础的。每个音节都有四个音调（有的还有轻声），即阴平、阳平、上声、去声，这"四声"又分为"平声""仄声"，平仄的对应和交错就形成了语言的抑扬之美。古代汉语诗词歌赋都极讲究平仄等"格律"。现代诗文虽不讲"格律"，但说话和写文章同样需要讲究声音的节奏之美。语言大师老舍先生说："我写文章，不仅要考虑每一个字的意义，还要考虑到每个字的声音。不仅写文章是这样，写报告也是这样。我总希望我的报告可以一个字不改地拿来念，大家都能听得明白。虽然我的报告作的不好，但是念起来很好听，句子现成。比方我的报告当中，上句末一个字用了一个仄声字，如'他去了'。下句我就要用个平声字。如'你也去吗？'让句子念起来叮当地响。好文章让人家愿意念，也愿意听。"

声调又叫"语调"。由声音的高低变化形成，通常在句尾表现，它体现说话人的心境、态度和情感，强化了说话的内容。掌握声调的技巧，可增强语言的表现力和感染力，是服务语中不可缺少的辅助形式。在客舱服务中，要结合客舱的环境以及人物特征使用不同的声调。在相对安静的客舱环境中用亲切的平声调与旅客交谈；对于第一次乘坐飞机的旅客以及有疑问的旅客使用热情的阳声调给客人一种积极和愉悦的感觉；对待尊贵的客人以及年长者，采取可以表达出诚恳、谦恭的阴声调。声调的起伏变化会传递出不一样的情感态度，民航服务人员应当随时随地都要注意把控声调，领会声调语言背后的情感。

 【案例链接】

"两面派"的民航乘务人员

在 2017 年 7 月 15 日某航班上，一位旅客投诉："在飞机降落时想要去洗手间，被民航乘务人员阻止，我认为民航乘务人员在解释时有不尊重我的意思，讲话阴阳怪气。"经向旅客电话了解，旅客说："刚广播了飞机下降广播后想上洗手间，到后舱后，民航乘务人员以飞机下降不安全为由阻止我上洗手间，告知我时该民航乘务人员还与其他机组成员聊天有说有笑，对我说话时声音过于强硬，命令一般的语气。"旅客认为既然是以安全为由，乘务人员可以礼貌劝告，不至于摆高姿态以一种呵斥的语言与人交流，更何况与同行闲聊说笑语气不是这般高冷生硬，鲜明的对比怎么能谈得上正常的语言沟通，旅客认为民航乘务人员不专业、不礼貌、不负责。所以，掌握声调的技巧对于民航乘务人员来说很重要，也很必要，声音的起伏变化传递的不仅是自己的心境和情绪，也会影响旅客的心情和感受。

2. 调节音量

音量是指声音的强与弱。在民航服务过程中，如何调节好自己声音的音量，是语调表达的又一技巧。首先，要根据旅客多少及地点、场合来调节音量。旅客多时，音量要以使离你最远的旅客听清为度，旅客少时，音量则要小一些。涉及客舱外及机场地面，由于飞机发动机和地面人员较多嘈杂，音量要适当大些，在室内则要小一些。因此，民航服务人员平时要注意练声，从低声到高声分级练习，以便在不同的情况下，掌握说话音量的大小。其次，要根据说话内容调节音量，一是将主要信息的关键词语加大音量，强调其主要语义，例如："我们的飞机将于今晚八点五十分起飞"，这里主要是强调出发时间，以提醒旅客注意。二是故意压低嗓门，先抑后扬，造成一种紧张气氛，以增强感染力。例如："[轻声] 这天晚上，天黑得不见五指，庙里静得出奇，突然，一阵电闪雷鸣划破夜空"。可见，音量大小调节得当，能增强语言的表达效果。但要注意的是，音量调节要以讲解内容及情节的需要为基准，该大时大，该小时小，绝不能无缘无故用高声（尖声）或低声。例如西部航空地勤人员，没有把控说话音量的分寸，大声说话给旅客带来一种"怒怼"的感觉，因此遭到投诉。

【案例链接】

西部航空地勤人员"怼"旅客

厦门一位旅客去重庆旅游，回厦门要过安检的时候被西部航空的地勤人员拦截质问："你的箱子不能上机，你看清楚登机信息了吗？"旅客表示有看到 20 这个数字，西部航空的地勤人员怒怼旅客："20 后面有跟着'寸'字！"并且，故意在"寸"字上加重音量。该举动引起旅客不悦，旅客欲进行投诉，托运完回到安检口，跟地勤人员说："工号牌给我拍一下，我要投诉。"地勤人员又抬高音量大声地说："我不觉得我的服务有什么问题！"地勤人员这种在语句中的词汇上不分轻重地装饰音量容易引起他人不悦和不解。

3. 控制语速

语速是指说话速度的快慢，这是由说话人思想感情变化及说话内容所决定的。语速也决定语调的表达，语速过快或过慢，语调都会呈现出单一寡淡的结果。民航服务人员要克服说话语速不当的毛病，学会按照语境的要求恰当地运用快速、中速、慢速说话，使口语有节奏感和音乐感，从而增强语言的表现力。而对于喜欢用外语沟通交流的外籍旅客，民航服务人员应在表述完整语义内容的基础上，考虑双方的语言差异，运用适当的语速传递出语言内容。在客舱服务中，针对具有特殊生理或心理情况的旅客，例如民航服务人员在服务年长及年幼者时，会有意识地降低语速，目的是能满足年长者及年幼者的听力需求（见图 3-3），在正确识别语音内容的基础上可以更好地实现沟通交流。

【案例链接】

民航乘务人员"暖心"老年旅客

中国南方航空公司乘务员王子涵在自己的飞行日志中曾记录过自己从广州飞往四川的一次航班经历。她遇到一位自己一人坐飞机返乡的奶奶，这位奶奶在客舱中表现出异常的拘谨。她不敢触碰飞机上的东西，也不敢打扰忙碌的民航乘务人员，一个人握着座椅扶手，全身还在颤抖。民航乘务人员王子涵发餐时注意到这位奶奶的异样，便及时赶去奶奶的身边耐心询问，奶奶的听力不好，她便俯身侧在奶奶身旁，降低语速慢慢与奶奶交流。沟通交流后，她了解到老人想上洗手间但是不好意思问，想多要点吃的也觉得不好意思开口。于是，王子涵便耐心地用手势和语言向老人说明洗手间的位置以及使用的方法，不仅给老人带来丰富的食物，也提供了一些机上娱乐设备供老人消遣，缓解紧张不安的情绪。事后，王子涵收到这位奶奶的家人写来的感谢信。小小的举动，却有非凡的意义。

图3-3　客舱乘务员为老人旅客服务

第三节　民航服务中的语气

民航服务语言中的语气富有浓郁的感情色彩，它与一个人的性格、情操、职业素养、审美个性等密切相关。语气实际上是一种无声的语言，也是一种传递情感的生动的有着审美内涵的语言。民航服务人员语气知识的深浅决定了语言艺术水平的高低、服务质量、客舱服务工作的成效。民航服务掌握语言中语气的关键在于掌握语气的艺术表现方式和自身的审美素养。

一、语气的艺术表现

民航服务与语言的关系密切，没有语言的服务，被人称为哑巴服务，属于不完整的服务。民航服务人员语气知识的深浅决定了语言艺术水平的高低，将直接影响旅客的心情和服务质量。

民航服务的有声语言中除了声调，还有语气。有声的语言艺术是指在接待旅客过程中，民航服务人员用来同旅客沟通、交际，以达到为旅客服务的目的，并提升旅客服务的艺术性感受的语言。"有声语言"，是民航服务工作中使用最多，又最重要的交际形式。

《新闻传播学大辞典》中对语气的解释是：是指播音语言表达的重要技巧之一。在一定的具体思想感情支配下具体语句的声音形式。出于全篇稿件和整个思想感情的运动状态的要求，各个语句的本质不同，语言环境不同，每一个语句必然呈现出"这一句"的具体感情色彩和分量，并表现为千差万别的声音形式。语气的色彩和分量是语句的灵魂，但必须固定在一定的声音、气息的形式、形态中。语句中所包含的是非、爱憎方面不同程度的区别，也叫作分寸、火候。其分量的差异要具体把握，并要在表达中用重度、中度、轻度来分别。在日常生活中，语气可以通俗的解释为说话的"口气"，即人们在说话时流露出的感情色彩。语气无论是在汉语语法中，还是在英语语法中，语法释义都是说话人对交谈、对谈到的情况所持的态度，具体表现为陈述、疑问、祈使、感叹等表达方式。声调与语气在话语交流中，是密不可分的。简而言之，声调是语气的重要表现手段，但不是唯一的手段。语气还可以表现为以下几种形式：

1．重音

说话人依据表情达意的需要，会故意把某个词语说得重一些，这就是重音。重音在口语中起加重语气、突出情感、强调重点的作用。把握重音也是民航服务语言的基本技巧之一。说话时，一定要从实际情况出发去确定重音，通过语音的强弱变化，准确地表情达意，使听话人能领会、理解说话人表达的确切含义。口语没有重音，会使听者糊涂，滥用重音，可能会造成听者错觉。例如，民航服务人员在进行客舱或机场广播时，会有有意将问候语与感谢语加重（见图 3-4）。加重问候语的目的是引起旅客的注意，希望大家能有意识地聆听客舱和机场广播。加重感谢语的目的是民航机组人员与乘务组人员表达出的感激之情，感谢旅客们选择了本次航班，并希望航班中的每一位旅客能够再次选择该公司的航班。

图3-4　民航服务人员广播

2．停顿

停顿是指说话根据实际需要做出的语音间歇，它是说话节奏的特殊处理，并非思想感情的中断或空白，是为从语气上起到提示或强调作用，突出说话人的感情和意图。美国著名作家马克•吐温说过，恰如其分的停顿经常产生非凡的效果，这是语言本身难以达到的。民航服务人员一定要掌握好停顿的技巧，传达不一样的语气，学会用停顿表情达意，善于使用停顿来表达言外之意、弦外之音，传达出比有声语言更多的东西。

3．笑声

笑声是人有意识地表达愉快、欢喜情感的功能性发声。笑声伴随有声语言出现，传递出强调、感叹、夸张的语气。它能使有声语言表意更明白晓畅，表情更丰满热烈。笑声与微笑不同，笑声是伴随有声语言而来的语音现象，而微笑是无声的，是形体语言。笑声有很多种，但在民航服务中，因高兴、喜悦只能有轻声地笑、真诚地笑，不能太过夸张地哈哈大笑、捧腹大笑，更不能有嘲笑、讥笑。民航服务人员在服务过程中，应根据实际情况，恰当、自然地运用笑声来加强有声语言的效果，给予语言沟通一种附加的艺术美感。比如，民航乘务员在对待客人幽默式的语言表达时，可以礼貌地给予肯定和赞赏语气，并附加一定的轻声笑声增加对客人幽默语言表达的认可。如图 3-5 所示，民航乘务人员用礼物和笑声缓解了旅客的不安和不悦的情绪，触动了周边的所有旅客，让大家体验到语言艺术中的笑声的魅力。

图3-5　民航服务人员的笑声

【案例链接】

深圳机场地服人员暖心陪伴暑运"无陪儿童"（见图 3-6）

对于深圳机场的民航地务人员来说，与"无陪儿童"的相处不仅仅只是工作，更多的是一份责任和关爱。

8 月末，适逢暑假结束、学校陆续开学，深圳机场迎来"无陪儿童"返乡高峰。8 月 30 日当天，由于天气原因，一架从深圳飞往成都的航班迟迟不能起飞。面对该航班上众多的"无陪"小旅客，民航地服服务人员徐璐决定推迟自己的下班时间，留下来照顾在问询室休息的孩子们。由于航班延误，家长们十分担心孩子，无陪儿童们也十分焦虑紧张。徐璐就实时给家长发送孩子们的照片，她带着孩子们一起玩耍，拍各种各样的美丽的、搞怪的自拍。她用自己充满笑意的声音给孩子们打气，讲故事。孩子们都被这位温柔且有着甜甜酒窝的民航地服服务人员感染，在休息室玩得十分开心。登机时，徐璐又亲自将这些特殊的小旅客送至登机口。家长们也纷纷为这位"酒窝甜心"民航地服服务人员点赞，表示感谢。

图3-6　民航地服服务人员的"无陪儿童"服务

二、民航服务中的语气

口语（有声语言）与书面语言（无声语言），虽然两者关系密切，功能基本一致，但由于各自凭借的条件不同，使用情况不同，因而它们又有所区别。民航服务中的语言主要是口头语言，而语气是口语中不可忽视的部分。有效地掌握和运用服务语言，就要了解民航服务中的语气，即语气的表现形式和表现特征，其主要有以下几个艺术特征：

1．有声性

语气的有声性，是口头语言中靠声音，靠每个字的字音、整句话声音高低快慢的变化和各种声调与语气所构成的达意传情的语音系统来体现的。古希腊哲学家亚里士多德说过，人类的声音是自身所有功能中最富有表现力的。服务语言要提高这种表现力，就要对语气的这一特征进行深入的研究。民航服务人员要在掌握有声语言概念的基础上，提升服务语言的艺术性。在狭小的客舱中，或在人多嘈杂的机场中，民航服务人员要恰当地拿捏语气的有声性，巧妙地与旅客沟通，传递更多更有效的语言信息，进而提高服务质量，提升语言服务的艺术性，如图3-7所示。

2．直接性

构成说话的三个要素是信息、说话者和听话者。说话者和听话者直接交流，如在民航客舱中，民航服务人员直接面对旅客，中间并无阻隔，互相面对收、发语言信息，随时转换听、说角色，语言中传递的语气情感可直观感受，形成双向交流。口语交际，双方在同一时间、场合进行，这有利于彼此语气情感信息实现完整充分的表达，传递及时迅速。同时，语气的直接性也凸显了语言的瞬间性的特点，对话者双方都需要在短时间内完成信息搜索、语言词汇的罗列、情感态度的选择。这要求民航服务人员具备一定的语言能力，在有限的时间内，既能有效实现语言内容表达又能正确传递出自己的情感色彩，提升语言服务中的艺术效果。

图3-7　民航服务人员有声服务

3．情境性

客舱语言交际有特定的情境，有很多意思不用语言表达或完整的语言表达，彼此就可以意会，如图 3-8 所示。有时说话者只说出个别词语，甚者一个字就能代替全句，抑或只用一个面部表情和手势也能表情达意。例如，旅客会时常夸赞民航服务人员青春美丽，民航服务人员也可以简单的回应一个"嗯"字。它既传达出了民航服务人员对此评价的肯定，也传递了自己心中被赞赏的喜悦。这都有赖于语气依托的情境优势。特定的情境为交际双方提供了一个直观可感的背景，真正促成了直接的、立体的、双向的交际，优化了旅客的服务感受。

图3-8　民航服务人员的情境性服务

4．多变性

有声语言的内容、语气往往会随着对话双方交流的发展变化共同调节，只有对话双方的积极参与、调节，才能收到满意的交际效果，因为口头语言比书面语言自由得多，同时因地因人因事而不同，有时在同一对象、同一场合，也因情况的突然变化而不同。因此，要求说者和听者都要随机应变，做到因"情"制宜。如民航服务人员的接待语，要随时根据旅客的反应，调整自己的语气表达、内容和方式，才能收到应有的艺术效果。如图 3-9 所示，机场地勤服务人员对第一次乘坐飞机的旅客，全程面带微笑耐心指导，并且用满含笑意的语气认真与旅客交流，缓解了旅客的压力与不安。

图3-9　民航服务人员的多变性服务

5．复合性

语气是使用有声语言和无声语言的复合行为。传递有声语言内容，表达情感语气，也经常借助副语言和形体语言。民航服务人员礼貌的有声语言加上柔和的语气和甜美的微笑，其服务效果是特佳的，如图 3-10 所示。

 【案例链接】

微笑水果盘服务

在海航的一次北京至珠海航班上，头等舱是满客，还有 5 名 VIP 旅客。乘务组自然是不敢掉以轻心。2 排 D 座是一位外籍旅客，入座后对民航乘务人员还很友善，并不时和民航乘务人员开玩笑。起飞后这名外籍客人一直在睡觉，乘务人员忙碌着为 VIP 一行和其他客人提供餐饮服务。然而两个小时后，这名外籍旅客忽然怒气冲冲地走到前服务台，大发雷霆，用英语对乘务人员说道："两个小时的空中旅客时间里，你们竟然不为我提供任何服务，甚至连一杯水都没有！"说完就返回座位了，旅客突如其来的愤怒使民航乘务人员很吃惊。头等舱乘务员很委屈地说："乘务长，他一直在睡觉，我不便打扰他呀！"说完立即端了杯水送过去，被这位旅客拒绝，接着她又送去一盘点心，旅客仍然不予理睬。作为乘务长，眼看着飞机将进入下降阶段，不能让旅客带着怒气下飞机。于是灵机一动和头等舱乘务员用水果制作了一个委屈脸型的水果盘，端到客人的面前，慢慢蹲下来轻声说道："先生，我非常难过！"旅客看到水果拼盘制成的脸谱很吃惊："真的？为什么难过呀？""其实在航班中我们一直都有关注您，起飞后，您就睡觉了，我们为您盖上了毛毯，关闭了通风孔，后来我发现您把毛毯拿开了，继续在闭目休息。"旅客情绪开始缓和，并微笑着说道："是的！你们如此真诚，我误解你们了，或许你们也很难意识到我到底是睡着了还是闭目休息，我为我的粗鲁向你们道歉，请原谅！"说完他把那片表示难过的西红柿片360°旋转，立即展现的是一个开心的笑容果盘。乘务长用情动人，察言观色，以礼服人，及时处理，温婉的语言和应景的语气表达加上食物辅助的处理方式，让所有人都心服口服。

图3-10　民航服务人员的复合性服务

 思考题

1．语言艺术的概念有几种表现形式？请举例说明。
2．语言艺术需要做到哪些统一？为什么？
3．语言艺术怎么服务于生活？请举例说明。
4．举例说明民航服务中声调表现形式。
5．阐述声调与语气之间的关系？
6．语气表现出的艺术性是什么？
7．结合案例阐述民航服务语气的表现有哪些？

第四章　民航服务表情艺术

表情艺术是艺术的一个门类，其显著特征便是表情性，它通过一定形式的表演来塑造艺术形象，反映现实生活和传达审美情感。民航服务的表情艺术也是民航服务的重要组成部分，是航空公司对外展示形象的重要窗口。表情艺术包括微笑、眼神和目光等，它能传递爱与真情，带来美感和安全感。因此，表情艺术具有抒情性和表现性，是艺术美的基本特征。

第一节　表　情　艺　术

表情艺术在民航服务中蕴含着中华民族文化传统，是知识、思想、道德、审美的综合形态，它具有文化属性，集社会性、艺术性和审美性于一体。民航服务中的表情艺术主要是通过民航服务人员的表情呈现的。表情艺术是人类社会历史上产生最早的艺术之一，也是日常生活中表现人们情感的一种艺术形态。因此，民航服务艺术中的表情艺术具有独特的审美特性，是服务人员展示自身职业素养和塑造自我的主要表现手段。

一、表情与表情艺术

表，指传达，抒发；外部，显示。情，指思绪，感情；外界事物所引起的喜、怒、爱、憎、哀、惧等心理状态。表情是指由脸部的表现和身体的动作，所表达的喜怒、哀乐、好恶等情感，如图 4-1 所示。汉代班固在《白虎通·姓名》中说："人所以相拜者何，所以表情见意，屈节卑体尊事之者也。"表情，通常指的是表达感情和情意，表现在面部或姿态上的思想感情。表情是情绪的主观体验的外部表现模式。

图4-1　表情

从广义上来说，人的表情主要有三种方式：面部表情、语言声调表情和身体姿态表情。从狭义上来说，表情尤指面部体现的情感表达，如图4-2、图4-3、图4-4所示。

英国达尔文在《人类与动物的表情》一书中提到："愤怒时张牙露齿，恐怖时毛发竖直、心脏急跳等，这些表情动作对人类的动物祖先是有生物学意义的，它们是动物长期生活巩固下来的有用的习惯性联合。这些表情斗争因遗传保留在人身上，乍看像是天生的人类表情，实际上则可能是靠某种生活方式逐渐获得的。" 这是作者继《物种起源》和《人类起源》之后，从情绪表现方面进一步论证人类和动物心理有连续性的进化论观点的著作。可见，对于情感表达方面的研究由来已久。

图4-2　愉悦开心

图4-3　愁眉苦脸

图4-4 生气委屈

表情艺术有广义和狭义两种含义：广义的表情艺术包括音乐、舞蹈、曲艺、戏剧、电影、电视等；狭义的表情艺术专指在特定艺术形式与场景中呈现出的感情表达，比如音乐艺术与舞蹈艺术中呈现出的情感表达。在美学和艺术学里，人们通常用狭义的含义。

通常所说的音乐艺术，是通过有组织乐音在时间上的流动来创造艺术形象，传达思想感情，表现生活感受的一种表现性时间艺术。它是人类社会历史上产生最早的艺术之一，也是日常生活中人们最喜欢的艺术种类之一。音乐艺术也是表情艺术的一种。

一般来说，舞蹈艺术指的是以经过塑造的人体动作来作为主要表现手段，运用舞蹈语言、节奏、表情和构图等多种基本元素，打造出具有直观性和动态性的舞蹈形象，表达人们的思想感情的一种艺术形式。

与其他艺术相比，表情艺术不仅更善于表达艺术家的思想感情，而且也更容易拨动鉴赏者的心弦，激发鉴赏者的思想情感，有着更加强烈的艺术感染作用。

随着时代的发展，表情艺术的内涵也越加丰富、多样。那么，表情艺术指的是什么呢？

表情艺术是指通过一定的物质媒介来直接表现人的情感，间接反映社会生活的这一类艺术的总称，物质媒介可以是音响、人体等。它主要是指音乐、舞蹈这两门表现性和表演性艺术。

二、表情艺术的审美特征

特征是一个客体或一组客体特性的抽象结果。作为艺术的重要门类之一，表情艺术也具有基本的美学特征和典型的形式特征。

1. 抒情性和表现性

表情艺术的抒情性和表现性是表情艺术最基本的美学特征。表情艺术的抒情性是通过一定的途径循序渐进地呈现出来的，而不是通过直接的方式赤裸裸地表现，所以深沉而内敛。

表情艺术的表现性指的是审美对象具有的表达情感的结构性质和情感意味。阿恩海姆认为，不仅有意识的人具有表现性，就是那些不具意识的事物，如一块岩石、一棵垂柳、落日的余晖、墙上的裂缝、飘零的落叶、一汪清泉，甚至一条抽象的线条等都和人一样具有表现性，它们在艺术家眼里也都具有和人体一样的表现价值。这说明表情艺术的表现性是具体的，可以生动形象地传达特殊含义。

（2）表情性和表演性

表情性和表演性是表情艺术最典型的形式特征之一。所有的艺术都表现感情，而表情艺术与其他艺术相比，它能最直接、最强烈、最细腻、最充分地倾泻内心情感，其表现手段与所要表现的情感是合一的，不需要借助任何外力。

表情艺术的表演性指的是表情艺术必须通过一定形式的表演，才能将所塑造的艺术形象直接作用于鉴赏者的听觉或视觉，使听众或观众了解其反映的社会生活和审美情感。表情艺术的表演创作过程与鉴赏过程是同时进行的，其艺术形象也是即时的，随着表演的开始而开始，随着表演的结束而中止。表情艺术的动态性较强，尽管它也借助一定的舞台，但完整地塑造艺术形象却是在一定时间内展开的。因此，表情艺术在时间上的流动性超过了空间上的造型性，表情艺术除了具有艺术审美特征外，同时还具有社会性，它与政治、经济、文化密切相关连。

三、表情艺术的文化属性

表情艺术的本身也是一种文化的体现。"文化"是"人文化成"一语的缩写，就词的释意来说，文就是"记录，表达和评述"，化就是"分析、理解和包容"。"文"的本义，指各色交错的纹理。《易·系辞下》载："物相杂，故曰文。"《礼记·乐记》称："五色成文而不乱。"《说文解字》称："文，错画也，象交叉"均指此义。在此基础上，"文"又有引申义，比如美、善、德行之义，这便是《礼记·乐记》所谓"礼减而进，以进为文"，郑玄注"文犹美也，善也"。"化"，本义为改易、生成、造化，如《庄子·逍遥游》："化而为鸟，其名曰鹏。"《礼记·中庸》："可以赞天地之化育。""化"指事物形态或性质的改变，同时"化"又引申为教行迁善之义。可见，生活中对于艺术的不断探索与追求，最终可以通过一定的文化背景不断延续和发展。

1. 艺术与文化

文化是一种社会现象，它是由人类长期创造形成的产物，同时又是一种历史现象，是人类社会与历史的积淀物。确切地说，文化是能够被传承的国家或民族的历史、地理、风土人情、传统习俗、生活方式、文学艺术、行为规范、思维方式、价值观念等，它是人类相互之间进行交流的普遍认可的一种能够传承的意识形态，是对客观世界感性上的知识与经验的升华。广义的文化，是人类在社会历史实践过程中所创造的物质财富和精神财富的总和。狭义的文化，是指社会的意识形态以及与之相适应的制度和组织机构，是在历史上一定的物质生产方式的基础上发生和发展的社会精神生活形式的总和。

爱默生认为："文化开启了对美的感知。"艺术与文化的发展是统一的，都是对于美的体现与发展，艺术是文化的重要内涵与组成部分，而文化是艺术的渊源与内容。艺术是表现文化的一种形式，是传播文化的工具与手段，艺术本身不能完全代表文化。这两之间的内在本质不同，却有必然的关联。文化的本质诠释的是宇宙间各种事物形式背后的内容本性所在，而艺术则是通过各种不同形式的艺术手段，对历史生活各种事物现象的描述、演示与传播。

2．表情艺术与文化

表情艺术作为艺术的一大门类，是通过媒介生动形象地表现文化的一种重要形式，对于文化的传播与传承至关重要。不论"文化"有多少定义，但有一点还是很明确的，即文化的核心问题是人。有人才能创造文化。文化是人类智慧和创造力的体现。不同种族、不同民族的人创造不同的文化。人创造了文化，也享受文化，同时也受约束于文化，最终又要不断地改造文化。我们都是文化的创造者，又是文化的享受者和改造者。人虽然要受文化的约束，但人在文化中永远是主动的。没有人的主动创造，文化便失去了光彩，失去了活力，甚至失去了生命。

表情艺术一是塑造人格，二是要传承文化。塑造人格，便是提升自身的文化修养，传承文化，是一种社会责任，弘扬美、善、德中华传统文化，两者有机结合形成独特表情艺术形态。在民航服务中表情艺术实际上是展示中国传统文化的一个窗口。

第二节　民航服务中的微笑

在民航服务过程中，微笑是必不可少的。微笑服务，也是一种沟通艺术，它能表达友好的心愿。微笑是民航服务人员表现自我文化素养和良好职业素质的重要因素，是体现服务人员形象美、仪态美、心灵美的表情艺术。微笑在民航服务中具有一定的艺术标准和美学意义。

一、微笑的艺术表现

1．微笑的内涵

微，小也，轻微。汉代张衡《思玄赋》有云："离朱唇而微笑兮，颜的砾以遗光。"宋朝冯去非 《喜迁莺》词云："送望眼，但凭舷微笑，书空无语。"清朝沈复在《浮生六记》中提到："芸回眸微笑，便觉一缕情丝摇人魂魄。"（见图4-5）

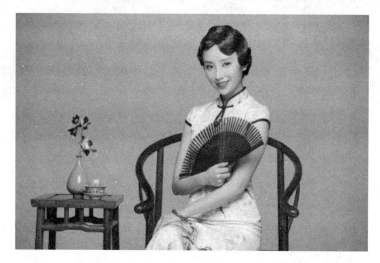

图4-5　回眸微笑

2．微笑的作用

微笑，是一种面部表情艺术，它能反映出个体的情绪状态及精神面貌。面部表情指的是相应于人的内在情绪状态、意图所做出的面部变化，人们通过面部表情可以了解人的内心活动和心理状态，还可以通过面部表情来达到不同的目标。

3．微笑的美学意义

微笑艺术，可以用来交际能表达友好的心愿。微笑如和煦的春风拂面，使人感到温暖、亲切和愉快，它不但能给人以谦和、亲切的印象，还能表现出对别人的理解、关心和友爱，缩短彼此间感情上的距离。汉语中有关笑的词汇有近百个，但唯有"微笑"最受青睐。从生理上说，微笑保持的时间最长；从传达信息的角度说，许多难以言传的微妙含义也只有微笑才能传达；从形象上说，微笑的样子是最美的，如图 4-6 所示。

图4-6　微笑的样子

苏轼的《蝶恋花》中提到："墙里秋千墙外道，墙外行人墙里佳人笑。"辛弃疾的《青玉案·元夕》中写道："蛾儿雪柳黄金缕，笑语盈盈暗香去。"达·芬奇的名作《蒙娜丽莎》被誉为"永恒的微笑""最具魅力的笑"，几百年来，一直被人们所推崇，究其原因，仍是那微笑的神秘力量。古今中外，无论出于何种目的或通过何种方式，人们从未放弃过对于微笑的探求。由此可见微笑的魅力。

4．微笑的艺术标准

微笑的艺术表达如同无声的语言，美妙的、甜美的、清纯的、荡漾的、灿烂的、温暖的、和煦的，形容微笑的词汇非常多。在民航服务中微笑是具有职业性的，一般有标准的或者说掌握一个度。如轻微的笑，略带笑容，是不显著，不出声的一种笑。微笑有"三度"：

一度微笑像春天里的太阳让人感觉身心舒畅。

二度微笑要轻轻扬起自己的嘴角，让笑意荡漾在眼底，像冬日里的暖阳，给人无限的温暖。

三度微笑就是传说中的"8颗牙微笑"，笑起来像夏天的骄阳，分外的热情灿烂。

微笑的艺术标准在于口眼结合，嘴唇、眼神含笑。微笑时真诚、甜美、亲切、善意、充满爱心。微笑注重"微"字，笑的幅度不宜过大。提供微笑服务并非一蹴而就，微笑是需要练习的，以下方法可以作为微笑服务训练的参考，包括微笑训练的六个阶段和微笑程度的练习，如图4-7所示。

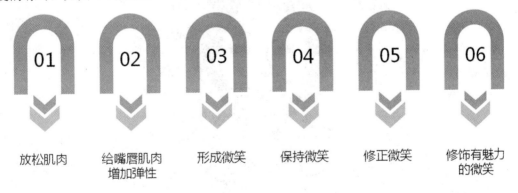

图4-7　微笑的标准

第一阶段：放松肌肉。放松嘴唇周围肌肉，也称作"哆来咪练习法"唇部肌肉放松运动，是从低音哆开始，到高音哆，大声地清楚地说三次每个音。一个音节一个音节地发音，为了正确的发音应注意嘴型。

第二阶段：给嘴唇肌肉增加弹性。形成笑容时最重要的部位是嘴角。锻炼唇部的肌肉能使嘴角的移动变得更干练好看，整体表情就给人有弹性的感觉。伸直背部，坐在镜子前面，反复练习最大地收缩或伸张。首先，使嘴周围的肌肉最大限度地伸张，张大嘴能感觉到颚骨受刺激的程度，并保持这种状态 10 秒；其次，闭上张开的嘴，拉紧两侧的嘴角，使嘴唇在水平上紧张起来，并保持 10 秒；再次，使嘴角紧张的状态下，慢慢地聚拢嘴唇，出现圆圆地卷起来的嘴唇聚拢在一起的感觉时，保持 10 秒；最后，保持微笑 30 秒。反复进行这组动作几次。接下来，可以用门牙轻轻地咬住木筷子。把嘴角对准木筷子并观察连接嘴唇两端的线是否与木筷子在同一水平线上，保持这个状态 10 秒，然后轻轻地拔出木筷子，练习维持之前的状态（见图 4-8）。

第三阶段：形成微笑。在放松的状态下，根据嘴开合的大小来练习各种笑容，练习的关键是使嘴角上升的程度一致。如果嘴角歪斜，表情就不会太好看。练习各种笑容的过程中，就会发现最适合自己的微笑。

小微笑：把嘴角两端一起往上提，给上嘴唇拉上去的紧张感，稍微露出 2 颗门牙，保持 10 秒之后，恢复原来的状态并放松。

普通微笑：慢慢使嘴唇周围肌肉紧张起来，把嘴角两端一起往上提，给上嘴唇拉上去的紧张感。露出上门牙 6 颗左右，眼睛也笑一点。保持 10 秒后，恢复原来的状态并放松。

大微笑：一边拉紧肌肉，使之强烈地紧张起来，一边把嘴角两端一起往上提，露出 10 颗左右的上门牙，也稍微露出下门牙。保持 10 秒后，恢复原来的状态并放松。

图4-8　形成微笑

第四阶段：保持微笑。一旦寻找到满意的微笑，就要进行至少维持那个表情 30 秒的训练（见图 4-9、图 4-10）。

第五阶段：修正微笑。虽然认真地进行了训练，但如果笑容还是不那么完美，就要寻找其他部分是否有问题。但如果能自信地敞开地笑，就可以把缺点转化为优点。

图4-9　微笑训练

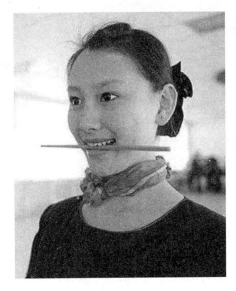

图4-10　微笑训练

第六阶段：修饰微笑。伸直背部和胸部，用正确的姿势在镜子前面边敞开笑，边修饰自己的微笑。

通过微笑训练，可以达到职业化的目的，但是真正的微笑服务并非机械化地展示笑容，而是由内而外的、真诚地能让旅客感受到亲和力的微笑。掌握好微笑的艺术性，是运用好微笑的关键。

二、民航服务中的微笑

在民航服务艺术中，微笑不仅具有职业性和审美性，还具有综合性。微笑是内心世界的美好呈现，在当代社会，微笑与服务是密不可分的，服务人员以真诚的笑容向客人提供服务，同时也可以反映出服务人员的综合素养，体现微笑艺术的真谛。

1．微笑的职业性

职业性，又称职业特质，是指人与职业行为有关的差异性、内在的个人特点。职业性微笑是一种职业操守、职业素养，可以体现人的修养、气质与力量。如今，在职场上，微笑是职业人士最佳的工作状态。同时，微笑的职业性经常成为提升职业素养的第一步。

学会职业性微笑需要恰当地把握面部表情，而恰当的把握面部表情，其核心是学会展现微笑艺术之美。放松自己的心态，当遇到一件让你感到紧张或者感到尴尬的事情时，要对自己说"没关系的，这件事很快就会过去的"，不能让自己的窘态表露在自己的表情上。以平常心对待身边的事物，遇到高兴的事情，不要让兴奋的表情流露于外表；遇到令人难过的事情时，也不要皱眉头。在平时生活或工作中，若感到焦躁不安，就可以用自己的双手抚摸自己的左右脸，对着镜子多尝试微笑，使表情变得从容起来。

【案例链接】

职业性微笑的魅力

国内某机场地面贵宾休息室，地服工作人员小丽在接班前与家里人闹了些不愉快，上班无精打采。碰巧这天有某企业的商务代表团，由于飞机误点，直到下午一点才到达机场，饭也未来得及吃，加上旅途中的其他不顺当，全团就像一只快要爆炸的火药桶，大有一触即发之势。接待他们的正是小丽，她立即收起自己的负面情绪，友善的微笑必不可少，意识到此时此地的任何解释都无济于事，首要的是行动。因此她立即将客人送回位置用餐，让客人吃好，在休息室休息好，加上热情的微笑服务，美味可口的菜点，客人们的情绪很快就平复了。

在民航服务过程中，民航服务人员的面部表情尤为重要。保持良好的面部表情是民航服务人员开展服务工作的基本素养，是民航服务人员维护企业形象的内在要求，是民航服务人员职业精神风貌的具体表现，是民航服务人员职业技素养与形象的最佳体现途径。一个甜美的发自内心的微笑，不仅能让旅客如沐春风，也能展现表情艺术之美，给后续的工作做好铺垫。

2. 微笑的审美性

审美性是人类审美意识的集中体现。微笑是一门学问，也是一门艺术。微笑服务能带给旅客美的享受，也能为民航从业者树立美好的形象。微笑是友善、和蔼、谦恭、真诚等美好感情最直接的表达方式。微笑能给人以亲切之感，可以有效缩短人与人之间的距离，给对方留下美好的印象，从而形成融洽的交往氛围。

微笑服务，从"心"开始，是文明优质服务的具体体现，是一个人内心真诚的外露，它具有难以估量的社会价值。微笑服务无须成本，却可以创造出无限的价值。正如一位哲人所说："微笑，它不需花费什么，却能产生无穷的魅力。"民航服务人员的笑颜展露在他们每一次执勤的地面服务工作中，展露在他们每一次执勤的航班里，每一个对客服务的环节都有他们的微笑。他们的微笑能够让旅客的旅行成为一种享受，是一道亮丽的风景。如何掌握好微笑服务，是每一位民航服务人员的必修课程，如图4-11所示。

图4-11　微笑服务

3. 微笑的综合性

综合性就是把系统的各部分、各方面和各种因素联系起来，丰富和充实了表现力。日常生活和工作中离不开微笑，微笑表达了善意与爱，是对真善美的弘扬，是对自己工作的认可与鼓励。在对客服务中，微笑服务的魅力在于能有效地缩短与旅客之间的心理距离，营造融洽的服务氛围。与旅客初次见面，友好、真诚的微笑，可以消除旅客和民航服务人员彼此的陌生感，创造和谐愉悦的氛围便于更好地服务。微笑，是一种愉快的心情的反映，也是一种礼貌和涵养的表现。民航服务人员并不仅仅应在航班上展示微笑，在生活中处处都应有微笑，在工作岗位上只要把旅客当成自己的朋友来尊重，你就会很自然地向他发出会心的微笑。这种微笑不用靠行政命令强迫，而是作为一个有修养、有礼貌的人自觉自愿发出的。唯有这种笑，才是旅客需要的笑，也是最美的笑。正如新民晚报在"把动人的微笑写在蓝天上"的新闻中，对上海航空公司客舱部特聘服务专家吴尔愉乘务长的评价：体验过吴尔愉服务的人，都会折服于她的微笑。而对不同旅客，她的微笑有着细微的不同：对待老人，像儿女般亲热；对待孩子，有一种妈妈般的疼爱；对待同龄人，则有着朋友般的亲切，如图4-12所示。吴尔愉的招牌微笑不仅仅是练就的，更是发自内心的。

图4-12 吴尔愉微笑着对客服务

微笑服务的魅力还在于它能拨动旅客的心弦，架起友谊的桥梁，让旅客倍感尊重。微笑是善意的标志，友好的使者，礼貌的表示。在服务中，微笑是不可缺少的对旅客表示尊重、友善、欢迎和赞赏的表情言语。要想保持愉快的情绪，心胸宽阔至关重要。在客舱中，难免会遇到出言不逊、胡搅蛮缠的旅客，遇到这种情况，民航服务人员不要不高兴或发脾气，要设身处地为对方着想，通过沟通了解对方所需，对顾客露出体谅的微笑，体现微笑的艺术之美。

热情微笑服务，想旅客之所想，站在旅客的角度去考虑，想在旅客前面，让旅客有宾至如归的感觉（见图 4-13）。民航服务人员不仅需具备真诚、热情、主动为他人服务的意识，还需具有换位思考、善解人意的意识，有时甚至是服务于旅客开口之前，想旅客之未想，要做到这些，首先需要具备一双会发现旅客需求的眼睛，然后拿出主动为旅客着想的行动，如此呈现出的优质服务，定会赢得旅客的好评。

图4-13　主动热情的微笑服务

要做到发自内心的微笑，就要把旅客当作自己的朋友或家人。要像对待朋友般地去倾听旅客。在倾听的同时，一定要注意自己的身体姿势，要配合着微笑和认同式地点头，这样才会让旅客觉得民航服务人员有在认真地听取他们的想法，当了解了对方的想法，才会真正的理解对方，从而让工作更顺利地进行。当了解了旅客的需求后，要尽全力去满足旅客合理的要求。学会站在旅客的立场上去处理问题，设身处地为旅客着想，用无微不至的关怀去打动旅客，让旅客有段舒适的出行体验。

 【案例链接】

独自出行的求学旅客

某国际航班上，乘务员碰到旅客一个人在伤心流泪，当乘务员去安慰旅客时，旅客终于找到一个情绪的宣泄口，开始大哭起来。原来她刚刚成年，即将独自一人到异国求学。乘务员微笑着安慰她，过了一会儿，她的情绪便缓和下来，拉着乘务员的手不愿放开。旅客打开了心结，沉沉地睡去，那一刻乘务员紧绷的心也终于平静下来。事后，那位旅客发来一封感谢信，便是那微笑、简单的安慰和默默的倾听，使得她在飞机上的时光不再难熬。

第三节　民航服务中的眼神

在民航服务中，表情中的眼神的运用，也是一门艺术。眼睛是心灵的窗户，通过眼神的沟通，更能传递出民航服务人员的内心世界。

一、眼神的内涵

眼神，基本含义为眼睛的神态，眼力。《黄庭内景经·至道》中提到："眼神明上字英

玄　。"务成子注："目谕日月，在首之上，故曰'明上'；'英玄'，童子之精色，内指事也。"眼睛是心灵的窗户，而眼神则是透过窗户传递出的内心世界的本质。一个公正无私的人，那他的心底就像晴朗的天空，清澈、洁净、透明，从他眼神中流露出来的那种公正、公平的力量，能让我们的心情变得阳光，变得灿烂；一个与人为善的人，眼神中流动着的鼓励和肯定，像一股股暖流，温暖滋润着我们的心灵，鼓舞着我们的斗志；一个充满爱心的人，眼神也一定充满爱意，严肃中透露着慈祥，平静中透露着期盼，就像一条汩汩流淌的河流，不断地荡涤着我们的心灵。眼神的运用，也是一门艺术。

二、表情与眼神艺术

老舍《柳屯的》提到："这几天村里的人都用一种特别的眼神看我。"冰心《我们太太的客厅》中写道："一样的笑靥，一样的眼神，也会使人想起一幅欧洲名画。"丁玲《韦护》中也提到："这几个年轻姑娘，都不缺少锋利的眼神，和锋利的话语。"

眼睛是心灵的窗户，眼神艺术的运用是调节规范交际的重要工具。在传递细微的情感方面，眼睛能起到其他语言行为所起不到的作用。

在民航服务过程中，构成表情的主要因素有：眼神、眉毛和嘴。而眼神一向被认为是人类最明确的情感表现和交际信号，在面部表情中占据主导地位。眼神能够表达出千变万化的含义，具有传情达意的微妙作用，如图4-14所示。

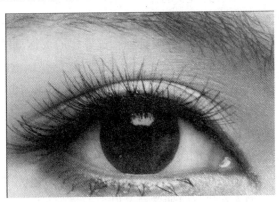

图4-14　眼睛与眼神

在与对方目光接触的时间（注视时间）所占比重传达的含义：超过全部谈话时间的1/3时，被认为很吸引人或怀有敌意；不到全部谈话时间的1/3时，被认为不被重视、不被信任；全部谈话时间的1/3至2/3时，容易建立良好默契。

三．眼神传达的美学意义

关于眼神，从美学意义上形容的多为美目、大方、明亮、温柔、妩媚、柔和，眼睛，是表达各种感情和体现人的内在美的窗口，故眼有"心灵之窗"的美称。"画龙点睛"这个成语体现了眼睛生理功能中的美学意义及其重要性。

　　一个人传递信息时眼神的接触、凝视或不凝视可以传递出这个人的内在情绪（见图4-15），如一个人说话却不直视对方，会被认为是在说谎。研究表明，眼睛是人类五官中最灵敏的，眼睛对刺激的反应最为强烈，其感觉领域几乎涵盖了所有感觉的70%以上。

图4-18　眼神交流

　　眼神交流在人际沟通中有极其重要的作用。在人际交流中运用得最多的非言语符号也正是眼神，爱默生说过："人的眼睛和舌头说的话一样多，不需要字典，却能从眼睛的语言中了解整个世界。"确实，人的目光和眼神往往透露出心灵深处的情感，人的眼睛是会说话的。但是，不同国家和地区的人们由于文化差异，往往呈现出的眼神表达形式也有所不同。在美国，黑人儿童与白人儿童在听教师讲话时眼神不同。黑人儿童常常眼睛望着地或其他地方，避免直接看着教师的眼睛，因为他们从小就受家庭的教育，知道听讲话时直视对方是不礼貌的。白人儿童受到的教育是听人讲话时一定要看着对方的眼睛，一是表示在聚精会神地听，二是表示诚意，而眼睛看地或其他地方是不诚实的表现。在亚洲许多地方人们认为讲话时直视对方眼睛是不礼貌的，尤其是下级在听上级讲话时，下级眼睛往往向下看以表示尊敬。阿拉伯人在讲话时通常总是盯着对方的眼睛。

四、眼神的艺术表现

　　唐代李德裕在《二芳丛赋》中提到"一则含情脉脉，如有思而不得，类西施之容冶，眼红罗之盛饰"，形容用眼神默然地表达情意。明代李开先《闲居集·九·泾野吕亚卿传》中有云"先生头颅圆阔，体貌丰隆，海口童颜，轮耳方面，两目炯炯有神，须虽整秀，异不多耳"，形容人的眼睛发亮，很有精神。人们或用明亮、温柔、妩媚、柔和，或用凝视、敏锐、坚定、专注来形容眼神的艺术之美。在不同职业中眼神有不同表现形式，通常要求眼神要明亮、柔和、坚定、专注。服务职业中要体现眼神的艺术美感，则要实现

"三个度"，具体内容包括：

（1）眼神的集中度：不要将目光聚集在顾客的脸上的某个部位，而要用眼睛注视顾客脸部三角部位，即以双眼为上线，嘴为下顶角，也就是双眼和嘴之间。

（2）眼神的光泽度：精神饱满，在亲和力理念下保持慈祥的、神采奕奕的眼光，再辅之以微笑和蔼的面部表情。

（3）眼神的交流度：迎着顾客的眼神进行目光交流，传递你对顾客的敬意与你的善良之心。心灵有了亲和力的理念，就自然会发出神采奕奕的眼光，就很容易形成具有磁性的亲和力，这样可以拉近与顾客间的距离。

 【案例链接】

办理乘机手续的旅客

旅客王先生在机场乘坐某航班办理乘机手续时，由于值机工作人员小张工作疏忽、缺乏眼神的集中度，办理手续时盯着王先生的耳钉看来看去，若有所思，导致王先生将身份证遗失在柜台，随后先后三次为旅客查找，才最终在柜台键盘下发现，工作人员小张看着旅客眼睛，向旅客诚挚道歉。王先生表示："要是你工作的时候，集中点儿注意力，眼睛别看不该看的地方，至于耽误我这么长时间吗？"

民航服务人员在对客服务的过程中面对旅客目光要友善，眼神要柔和，亲切坦然，眼睛要和蔼有神，自然流露真诚；眼睛礼貌正视旅客，不左顾右盼、心不在焉。

五、民航服务中的眼神

随着科学技术的发展，社会经济活动空前活跃，市场需求瞬息万变，社会关系日益复杂，每一位社会活动参与者时刻都会遇到新情况、新问题，这就要求人们随时注意自己的一言一行。民航客舱服务是技术、境界与艺术的集中体现，需要将真善美展示于服务中。

眼神中的目光接触是人际交往中最常见的沟通方式。目光接触方式的不同，意义也不一样，如：互相正视片刻，表示坦诚；互相瞪眼、眈眈而视，表示敌意；斜着眼扫一下，表示鄙夷；正视、逼视，表示命令；不住上下打量对方，表示挑衅；左顾右盼、低眉偷觑，表示困窘；白他一眼，表示反感；双目大睁或面面相觑，表示吃惊；等等。心理学家梅里比安说："一个人看谁的时间越长，表示越是喜欢这个人。"所以一般说对一个陌生人或不太熟悉的人，不可长时间地盯住对方的眼睛，只可迅速地瞥他一眼，表明你注意到他的存在，否则对方轻则感到不安，重则引起恐惧。因为眼神能激发人体内的强大能量，直视对方会促使对方交感神经变得活跃，瞳孔放大，从而会产生恐惧或不安感。如果两人是至爱亲朋，情况就不是这样了。完全不看对方，则可能是对对方不感兴趣，或者表示相互间存在一定的矛盾。一个人要隐藏自己的感情，特别是不安、不自在，就会避免与他人发生目光接触。

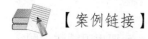**【案例链接】**

刻板的服务

旅客秦女士 1 月 6 日乘坐某航航班前往北京，由于行李架内存放行李空间已满，秦女士随即将自己的两个大包放在旁边空的座位上。空乘小王安全检查时发现这一情况，要求旅客将座位上的行李放到行李架上，由于小王"皮笑肉不笑"，看上去眼神里满是不屑，又当着其他旅客的面，让秦女士觉得像是被当众斥责，心里很是憋屈，遂投诉至当班乘务长处。

民航服务人员需要特别注意，在微笑的时候，眼睛也要"微笑"，否则，给旅客的感觉是"皮笑肉不笑"，甚至会遭到旅客的投诉。眼神传达笑意的方式有两种：一是"眼形笑"，二是"眼神笑"。

练习的方法可以有，取一张厚纸遮住眼睛下边部位，对着镜子，心里想着最使你高兴的情景，这样整个面部就会露出自然的微笑，这时，眼睛周围的肌肉也在微笑的状态，这是"眼形笑"。然后，放松面部肌肉，嘴唇也恢复原样，可目光中依然含笑脉脉，即是"眼神笑"。学会用眼神与旅客交流，了解眼神的艺术之美，这样的微笑才会更传神、更亲切。

当与别人面对面进行交流时，眼睛可以看着别的地方，但是不要过度的东张西望，当四处看时，说明没有在认真听，同时也会影响到对方的思维。

在民航服务中，通过主动用眼神交流，可以快速提升对客沟通效率；通过眼神与他人交流，可以轻松给对方留下一种礼貌谦和的感觉。因此，在民航服务时，可以尝试主动与他人通过眼神交流，但切记过于频繁。

【案例链接】

没有眼神的"关注"

国内某机场 7 月一趟 5144 航班因为天气原因延误到零点后登机，地面等待两小时后，一旅客投诉：已延误的航班，在登机前询问航班最新信息时，看到不少地面工作人员看到自己时，并未有眼神关注，全程无眼神交流，当自己上前询问时，工作人员根本没有看向我即告知"不知道"，两次询问下来，感觉极为敷衍，不够职业。

从案例中可以看出，民航地面工作人员因在航班延误后，未及时主动用眼神与旅客交流，表达关切并回答问询。

如何提高眼神交流技巧，展现民航服务艺术之美，是民航服务表情艺术中重要的课题。掌握好了眼神的交流，运用好眼神艺术，可以让谈话变得愉快，让对方感到有兴趣，更愿意听你讲话。在实际的民航服务过程中，应该做到以下几点：

（1）要目中有人。要有一个尊重人的态度，只有内心是尊重对方的，目光才可能是亲切友好的，生硬的目光交流反而是一种伤害。与某人争辩本身有很多技巧，如果你想要在一场争辩中保持有利地位，眼神的威力不可忽视。如果眼神用得好，不说话也可以说服对方。如果你在争辩中眼睛盯着别处那么已经输了一半了。当然，这也取决于你与谁争辩。

（2）要学会眼神定位。眼神不要在对方全身游离，要看眼睛至前额的三角区。由上三角区转移到整个面部。如果交谈时间较长，则我们的眼神应有所"转移"，否则直勾勾地看着对方，会让对方局促不安。特别是男士和女士交流，男士的目光停在女士胸部以上的区域较为合适。同时，还有一个技巧就是点头，适当地说"是的""对"等，这样对方就会感到你对他的谈话内容很有兴趣，就会愿意与你交谈并对你留下很好的印象。

（3）要注意眼神交流的多样性。千万不要上下打量别人或是眼珠转来转去。上下打量意味着挑剔和评判，没有人希望自己被别人这样看。与一个人交流时保持眼神交流是很好的事情，但是如果一直盯着别人会使对方感到不自在，从而想尽快结束与你的谈话。为了克服这点，每隔 5 秒打断一下眼神交流。但不要往下看，这样会暗示对方你想结束这场谈话。可以向上看或者向旁边看就好像你想起了什么事情。

（4）目光与语言保持一致。在向旅客问候、致意、道别的时候都应该面带微笑，用柔和的目光去注视对方，以示尊敬和礼貌。当对方说话时，看着她的眼睛，倾听她说了什么，适当的时候微笑，适当的时候抬起你的眉毛。微笑是一个很好的方法告诉对方你很感兴趣，但不要在对方表达悲伤情绪时投以含笑意的眼神。

对于表情艺术的熟练运用并非一蹴而就。表情艺术中的微笑艺术、眼神艺术，也是沟通艺术。表情艺术需要感受、领悟客观事物或现象本身所呈现的美，并通过如微笑、眼神之美加以传达。提高表情艺术的表现力、感染力，必须加强艺术素养的熏陶，并从艺术领域中汲取营养，通过表情传递爱心、责任心和真善美，民航从业者任重道远。

 思考题

1. 什么是表情艺术？
2. 如何理解表情的文化属性？
3. 如何理解表情的艺术性？
4. 什么是表情艺术的审美特征？
5. 如何做好微笑服务，提升民航服务艺术？
6. 如何理解眼神的艺术表现？
7. 如何提高眼神交流技巧，展现民航服务艺术之美？

第五章　民航服务仪态艺术

仪态是一种艺术，是人的精神面貌的体现，这种体现包含了知识、修养、气质、性格等文化元素，即是说是人内在的知识和外在形象的统一。不同国家，不同民族，以及不同的社会历史背景，对不同阶层，不同特殊群体的仪态都有不同标准或不同审美心理与规范。自古以来，中华民族是崇尚礼仪之美的，礼仪是中华民族传统，皇家宫室、儒雅学士、民间妇女，因为生活环境、生活方式、宗教信仰、审美心理的不同，而形成各具艺术特色的仪态美学风貌。本节就民航服务仪态艺术中的仪与礼、形与神、审与美做一溯源，阐述民航服务仪态艺术所蕴含的中华民族传统美德思想与文化表达。

第一节　仪态艺术

仪态艺术，是礼仪的内涵与外延的统一体，在民航服务职业中，仪态独具形神兼备艺术审美特色，它不仅体现职业的仪式性，更是一种服务仪态之美和精神面貌之表征。

一、仪态的内涵

仪态，指仪容姿态，即人身体的姿势、举止、动作和样子。仪态包含的内容极为广泛，有：仪状，即指容貌形状；仪观，指容貌威仪；仪宇，即仪容；器量；仪缀，威仪，外观；仪止，仪表举止；仪采，仪表风采；仪相，仪表容貌；仪形，仪容；形体；仪望，仪容、外表；仪干，仪容体格；仪操，仪容节操；仪举，仪容举止；等等。依据文字学，我们可以从"仪"与"态"字义字形追根溯源加以分析，方能理解仪态含义。

1. 仪

仪，形声字，本义为容止仪表。在古代诗文中对仪态论述颇为精辟，《诗·大雅》："令仪令色，小心翼翼。"《人物志》郑玄笺："善威仪，善颜色。"心质平理，其仪安闲。还有"义"之意，即真善美之意。可见，"仪"为中国古代一种含义极广的道德范畴。因为，在古代，"义"谓天下合宜之理，"道"谓天下通行之路，本指公正、合理而应当做的。

2. 态

态，意态也。《说文解字》注："意态者，有是意，因有是状，故曰意态。从心能，会意。心所能必见于外也。"

形声字，从心，太声。会意字为，从心，从能。本义为姿态、姿势与状态，从外观形状来看，有样态、状态、姿态、形态、神态、动态、情态、体态、生态等。

3．仪态

仪态，即姿态、容貌、风度、仪态万方。包含仪表，仪表堂堂，指人的外表。仪表不凡，形容人相貌端正，仪容庄严大方。仪容，人的外貌，尤指动人的或健康的外貌。

在文学作品中对于仪态的描述丰富而美妙。清珠泉居士《雪鸿少记补遗》："至于足翘细笋，腰折回风，尤觉颠掉纤柔，具有万方仪态。"丁玲《梦珂》二："梦珂沉思了，似乎又看见父亲的那许多温情的仪态，三儿们的顽皮。"草明《乘风破浪》第一章："李忠祥向前一望，那是一个仪态潇洒、体格魁梧的中年男子。"徐迟《井冈山记》七："它们举止雍容，仪态万方。"冰心《寄小读者·通讯七》："湖上的明月和落日，湖上的浓阴和微雨，我都见过了，真是仪态万千。"

自古以来，我们祖先在造字上就赋予了"仪态"二字的艺术审美性和文化内涵。仪态，即仪姿、姿态，泛指人们身体所呈现出的各种姿态，它包括举止动作、神态表情和相对静止的体态。人们的面部表情，体态变化，行、走、站、立、举手投足都可以表达思想感情。仪态是表现个人涵养的一面镜子，也是构成一个人外在美好的主要因素。不同的仪态显示人们不同的精神状态和文化教养，传递不同的信息，因此仪态又被称为体态语。具体如坐、立、行，主要包括站姿、坐姿、步态等，其要求"站如松，坐如钟，走如风，卧如弓"；面部表情，目光和蔼，面带微笑，充满自信、阳光、美善、慈祥、温暖之情；谈吐举止，大方、优雅。

当然，在民航服务中，服务人员的举止动作、神态表情都可以表达思想感情，这种感情是艺术的传达，能体现仪态之美。例如，在登机前，空乘人员都是站在舱门前面带微笑、目光和蔼，充满自信迎接旅客登机，接着，引领客人入座、整理行李等，她们仪态大方，阳光、美善、温暖，犹如一位文化艺术使者，向世界传递着中国传统礼仪，如图 5-1所示。

图5-1　空乘人员充满自信迎接旅客登机

【案例链接】

青岛机场贵宾厅团队 用高水准服务为青岛"代言"

据青岛新闻网 2018 年 7 月报道:"一,夹杯盖;二,拿杯子;三,加水……六,转动杯碟。"身穿耐冬花套装、画着精致妆容的青岛小嫚,笑露八齿,在培训师王梦雪的指导下一步步练习着"倒水"动作,如图 5-2 所示。这一动作,连贯完成只需 5 秒,但姑娘们却将其分解成 6 个步骤,喊着口号,每一步反复训练,直到每个人的手势、角度、节奏完全一致。

图5-2 民航服务人员练习"倒水"动作

她们就是青岛国际机场商务发展公司的姑娘们,负责青岛峰会国家元首及参会贵宾的接待,如图 5-3 所示。为了做好这次接待,她们同机场负责接待的其他同事们一起,从 2018 年 3 月初正式进入"备战模式"。

图5-3 负责接待工作的民航服务人员

为了能在贵宾们面前展示团队高素质水准,负责本次青岛峰会机场贵宾接待培训的培训组组长王梦雪每天都要带领同事们进行站姿、步伐、微笑、嗓音、负重托盘等训练,每天要用筷子练习微笑、夹纸练习标准站姿、绕场练习并大声配合问候语练习走姿。

　　长时间投入工作，换来的是用心后高水平的服务。这用心与高水平，体现在一个个细节里。

　　"气质优雅，仪态端庄"是不少人对贵宾厅姑娘们的第一印象。为了让团队成员们在贵宾面前更好地展现形象，机场请了北京的专业设计公司为姑娘们设计服饰——一席中国红旗袍和一身绿色耐冬花套装，山东人的热情好客与中国女性的东方之美，淋漓尽致地展现出来了。

　　除了服饰，姑娘们的妆容也是点睛之笔，如图 5-4 所示。

图5-4　中国范儿服饰和一对一设计的"专属妆容"

　　"发饰、面部妆容都是根据个人形象定制的。"贵宾服务与应急保障协调人侯林乐介绍。姑娘们"一人一妆"，脸型、眉形、嘴形、鼻梁挺立度、眼睛大小等都成了定妆的重要因素，专业化妆师根据每个成员的面部特征与整体气质，一对一设计个人专属妆容。

　　"一句问候、一个笑容、一个动作，都映射着美善、真诚、高雅和职业素养，以美的形态为青岛代言，如图 5-7 所示。"这就是青岛国际机场商务发展公司服务参会贵宾们的第一标准。因此，仪态是职业的标准与品牌，仪态的养成是十分重要的。

图5-5　训练中的民航服务人员

二、仪态的养成

仪态的养成是一个十分重要的话题，它包含了人的知识储备、文化修养和艺术教育。随着社会的发展，我国各个领域，尤其是服务行业，注重仪态的艺术表述，这种艺术包括：一是仪态文明，是指仪态要透射着一个人的文化艺术修养，体现内在文化涵养修养；二是仪态自然，是指发自内心的，端庄的、落落大方的，实实在在的美的展示；三是仪态美观，这是指境界，人的意识与意志之美，将高雅、优雅、文雅、风雅、美好的美学蕴涵呈现在民航服务之中，给人留下美好的印象；四是仪态敬人，是一种人与人之间的尊敬，包含崇高感、敬畏感、仪式感，这一点在民航服务中显得尤其重要。

民航服务仪态是呈现中国传统礼仪文化的一种艺术表达或者说是一种艺术创作，在当今社会中已被赋予了更丰富的艺术审美内涵。那么，民航服务仪态如何体现其风雅之美，是仪态养成的重要前提。

1．风雅的养成

风雅一词为多义词，谓文雅，端庄的或高雅的，尤指外貌或举止端庄的或高雅的。风雅一词源自《诗经》。《诗经》分《风》《雅》《颂》三类，《风》是周代各地的歌谣；《雅》是周人的正声雅乐，又分《小雅》和《大雅》，后世常用"风雅"一词指代高贵典雅。同时因《诗经》有《国风》《大雅》《小雅》等部分，对后世文学影响深远，后世也用"风雅"泛指诗文方面的事。汉代班固 《东都赋》："临之以《王制》，考之以《风》《雅》。"

《诗经》确立的是中国文化特色的诗歌创作原则。不是指风雅体裁，而是指体现在《诗经》"风""雅"中的艺术创作精神，即诗歌创作的高尚意义和严肃性。《诗经》表现出的关注现实的热情、强烈的政治和道德意识、真诚积极的人生态度，被后人概括为"风雅精神"，直接影响了后世诗人的创作。汉乐府缘事而发，建安诗人慷慨之音，都是风雅精神的直接继承。后世诗人往往倡导用"风雅"精神来进行文学革新。它引导后代文人在感情抒发上寻求一个健康向上的正确人生观，培养良好的审美习惯和道德节操。

同样，作为一种职业或者说行业，特别是在当今旅游业快速发展的今天，民航交通也担负着跨国际化的文化交流与传播重任，民航服务便成为传播中华民族优秀传统文化通道，因此，培养民航服务人才良好的审美习惯和道德节操及健康向上的人生观是至关重要的。民航服务同样是一种艺术创作，是服务技能的创作，更是人生观、价值观的呈现。

"风雅精神"具体来说是指道德修养，是人们表现出关注现实的热情、强烈的政治和道德意识、真诚积极的人生态度。

首先，风雅的养成，它来源于一个人的文化修养。

文化，文即"记录，表达和评述，即分析、理解和包容"。文化的特点是：有历史，有内容，有故事。文化大致可以表述为：一是具有广泛的知识并能将之活学活用；二是内心的精神和修养。

【案例链接】

山航全球首架孔子文化主题飞机首航济南—广州

　　据民航资源网报道：近年来，山东航空公司将中华传统文化贯穿于民航文化中。2018年6月6日16：05，全球首架孔子文化主题飞机执行首个山航航班SC1171，由济南遥墙国际机场起飞前往广州，为机上旅客开启了一段中华传统文化之旅。旅客一步入客舱，就感受到浓浓的儒家文化氛围，在舱内的壁板和舷窗位置，张贴了儒家经典《论语》中节选的内容及释义。山航乘务员身穿传统服饰汉服，笑语盈盈在登机口欢迎旅客登机。有一位旅客在旅途中一边阅读，一边询问乘务员，如图5-6所示。这趟航班散发着浓浓的文化气息。身着汉服的乘务员面带笑容，告诉旅客，这是山东打造儒家文化，是在交通运输业开启的孔子文化旅游品牌之旅，一路上她为旅客讲解了机舱中孔子的语录。由此可看出，文化是人类的物质财富和精神财富，它能丰富人们的内心世界，也能启迪人们的智慧和提升文化修养，包括乘务人员的学习和知识认知。

图5-6　身着汉服的乘务员与旅客一同诵读《论语》

　　其次，艺术修养是人们对诗文、音乐、绘画、影视、阅读、书写……的感受、感知和鉴赏，人类自产生以来就与艺术有了千丝万缕的联系。民航服务职业对于艺术知识的学习是十分必要的，因为服务职业就是艺术创作，如端茶送水、安全急救、医务护理、心理咨询等，皆为技能、技术，即艺术，民航服务职业既是艺术创作活动，又是艺术之技艺。如有乘务员讲述过一个案例：在一次飞行中，当飞机起飞10分钟后，她遇上一名男性精神极度紧张，他恐慌得浑身哆嗦，要求下飞机，这名乘务员给他递过一杯绿色猕猴桃果汁和一部画册，让他欣赏绘画作品，并讲述作品情节，当患者看到绿色和看到绘画作品时，心静如水，消除了恐惧感。所以说，乘务员的艺术修养十分重要。

民航服务人员不仅要有服务专业技能，还要具备文化修养与艺术修养。读万卷书，行万里路，胸中脱去尘浊，自然风雅养成，因此，阅读对风雅养成是非常重要的。

2．风雅的表现形式

风雅的表现形式丰富多彩，首先，语言美，人们在词语、词汇、语义方面，对语音、音声、节奏、音高等方面的把握；其次，行为美，主要指帮助、团结、理解、支持；再次，环境美，居室、道路、场所、庙宇……此外，着装美也是体现风雅的重要方面。

第二节　民航服务仪态艺术中的仪与礼

仪与礼是民航服务艺术的灵魂，是知识、思想、哲学、宗教、艺术和审美的表达，它具有仪式感和崇高感。

一、仪与礼

仪与礼，即仪礼或称为礼仪。礼仪是指仪式，礼节。《诗·小雅·楚茨》中记载，礼仪卒度。"礼"字和"仪"字指的都是尊敬的方式，"礼"即尊重，礼节，"仪"即礼法，法度，规范。"礼"，多指个人性的；"仪"，则多指集体性的。仪式，典礼的秩序形式，如开学典礼仪式，丧葬仪式，婚礼仪式。

礼，形声字，从示，乙声。礼，本作"豊（lǐ）"，后加"示"旁表义。"示，shi"是"神"的本字。天垂象，见吉凶，所以示人也。从示，有拿出、献出来之意。示，从二、天地；三垂，日月星也。观乎天文，以察时变。示，神事也。一般与神（包括对神的崇拜活动和心理）有关。如神、祈、祥。

礼，象形字。甲骨文、金文均作祭台形，独体字，后起也于上置一短横示祭物，此时可做会意解，会意字是合体字。祭祀是上古社会的重大事件，因此古人看得特别重。凡用礻（示）做偏旁部首的字均与祭祀有关，如宗、神、祀、祈、福、祷、禨、祭、祥、祝。指示、示意的示是后起引申用法。

礼是儒家学说中的核心部分。先秦的六经中有《礼》，汉代立五经学官，其中也有《礼》。唐立九经，中有"三礼"即《周礼》《仪礼》《礼记》。宋代立十三经，中间也有"三礼"。礼一直是古代贵族子弟和一般士人的必修课程。

据《孔子世家》记载，孔子以诗书礼乐教授弟子有好几千人，身通六艺的有七十二人。孔子死后，"而诸儒亦讲礼乡饮大射于孔子冢。故所居堂弟子内，后世因庙藏孔子衣冠琴车书，至于汉二百年不绝"。甚至在残酷的战争年代里，孔门的儒生弟子们对于诗书礼乐的学习也没有中断。《史记·儒林列传》上说，楚汉相争时，刘邦"举兵围鲁，鲁中诸儒尚讲诵习礼乐，弦歌之音不绝"。

"仪"的内涵极为丰富，寓意深远。《说文解字》中有法度之意，即礼法，仪，度也。徐锴系传："度，法度也。"

《墨子》：置此以为法，立此以为仪，将以量度天下之王公大人、卿大夫之仁与不仁，譬之犹分黑白也。《国语》所以宣布哲人之令德，示民轨仪也。

仪还作为模范、法令、法度标准、法则，还有典范、表率之意。

因此，礼仪是人们约定俗成的，对人，对己，对鬼神，对大自然，表示尊重、敬畏和祈求等思想意识的，各种惯用形式和行为规范。这里的惯用形式包括礼节和仪式，礼节一般是个人性的，并且不需要借助其他物品就可以完成的形式，比如磕头、鞠躬、拱手、问候等；而仪式大多是集体性的，并且一般需要借助其他物品来完成，比如奠基仪式、下水仪式、迎宾仪式、结婚仪式等。人类最早的礼仪是祭祀礼仪，它主要是表达对天地鬼神的敬畏和祈求。民航服务人员在服务的过程中，服务艺术性与审美性是体现民航服务礼仪之美与文化内涵的基础。

二、礼仪之美与民航服务艺术

礼仪是人类为维系社会正常生活而要求人们共同遵守的最起码的道德规范，它在人们在长期共同生活和相互交往中逐渐形成，并且以风俗、习惯和传统等方式固定下来。对一个人来说，礼仪是一个人的思想道德水平、文化修养、交际能力的外在表现，对一个社会来说，礼仪是一个国家社会文明程度、道德风尚和生活习惯的反映。

古人讲"礼者敬人也"，礼仪是一种待人接物的行为规范，也是交往的艺术。它是人们在社会交往中由于受历史传统、风俗习惯、宗教信仰、时代潮流等因素的影响而形成，既为人们所认同，又为人们所遵守，是以建立和谐关系为目的的各种符合交往要求的行为准则和规范的总和。礼仪之美在于人具有的真善美之美学价值观。

在民航服务中，帮助他人，体现出来的是礼仪之美、善良之美。例如，果断返航、备降全力以赴抢救飞机上突发疾病的旅客；建设温馨实用的母婴室；给行动不便的老年人、病人、残疾人提供轮椅、施以援手；开设急客安检通道使晚到的旅客赶上航班；航班延误时及时向旅客推送航班动态信息，办理航班退改签手续，做到航班延误服务不延误；主动帮助带孩子的旅客接送行李，耐心地给首次乘坐飞机的旅客讲述如何使用安全带等乘机常识。

例如，用真情服务，三伏盛夏、数九寒冬，机务维修人员冒着酷暑和严寒，保障航班的安全、正常；发生大面积航班延误时，一线服务人员态度和蔼地安抚、服务旅客，飞行、乘务、维修、管制、安检、地服等各类人员坚守岗位，等待恢复放行；节假日，为了千万家的出行和团圆，民航服务人员照常值守在工作岗位上，有的甚至几年未与家人一起吃一顿年夜饭。民航人用自己的心血和汗水，为广大旅客提供安全顺畅的航空运输服务，用自己的实际行动阐释"人民航空为人民"的宗旨。

在民航服务中关于礼仪之美的案例极为丰富。

【案例链接】

乘务服务中的真善美

2017 年 11 月的一天，成都-首尔航班，乘务员李某把随身带的芝麻糊和麦片全部找出来送给了一位胃疼的女士，因为担心她出国之后买这些小东西可能没有国内方便。然后，女士送来了一面大大的锦旗。还有，宜昌-成都航班，安全员王某面对着急吃奶而哭闹的孩子，搭起了一个空中育婴室。他说是从部门看到的妈妈驿站得到的灵感，把一家人带到最后两排没有旅客的座位上后，他找来毛毯，站在前排 D 座，一只手拎着毛毯挡住前排，中间挂在座椅上，一只手挡住过道，搭起 L 型临时育婴室。这个小小的独立空间，化解了宝妈喂奶的尴尬，也给了小家伙足够的安全感。

第三节　民航服务仪态艺术中的神与形

仪态艺术中的神与形，实际上是指形神兼备，即是说，体态和精神都十分优秀，既有外形，又有神韵。

一般来说，"形"指的是外壳（表现形式），"神"讲的是内核。"形"是躯体，"神"是灵魂，"形"是载体，"神"是思想。形神高度统一的散文，称之为形"散"神聚，神形完美结合的绘画，誉之为神形兼备。人也如此，当体态和精神达到一致时，人的仪态就如同一件艺术品，至善至美。

一、民航服务仪态艺术中的神

神，精气神韵，一是指人类思想、人的风采、风度韵致，尤其是指人的境界；二是指诗文书画的风格韵味，多用于艺术作品。

"神韵"为 中国古代美学范畴。指含蓄蕴藉、冲淡清远的艺术风格和境界。对于艺术作品来说，它以抒写主体审美体验为主，追求生动自然、清奇冲淡、委曲含蓄、耐人寻味的境界，使人能从所写之物中冥观未写之物，从所道之事中默识未道之事，即获得古人常说的言外之意、象外之象、意味无穷的美感，具有艺术教育功能，如同一首诗。正如孔子说："诗，可以兴，可以观，可以群，可以怨。迩之事父，远之事君，多识于鸟兽草木之名"（《阳货》）。这是孔子对诗的作用的分析。民航服务艺术中的"神"如同一首诗，可以兴观群怨。

1. 诗可以"兴"

所谓"兴"，孔安国注为"引譬连类"，朱熹注为"感发志意"，注都是从对孔子的《论语》以及他的整个思想的领会得来的，领会孔子思想的精神，并且可以互相补充。"引譬连类"，指的是通过某一个别的，形象的比喻，使人们通过联想的作用，领会到同这一譬喻相关的某种带有普遍性的关于社会人生的道理。用我们今天的话来说，也就是通过个别显示一般，达到一般。这种不是个别抽象的一般的概念，而是用个别的，形象的譬喻来使人们趋向于领会某一普遍性道理的做法，正是我们今天所谓的"形象思想"的开始。但是，个别的、形象的譬喻如果外在于它所要显示的某一普遍性的道理，不过是为了说明某一普遍性的道理而举出的例证，并且目的只在诉之于人们的理智，那么"引譬连类"所得到的结果就不是艺术的作品，而只是有助于说理的一种手段。相反，如果个别的、形象的譬喻不是说明某一普遍性道理的例证和手段，而是同普遍性的道理不可分地融为一体，并且通过直观、联想的作用而诉之于个体的社会性情感，作用于人的个性和心理，这是"引譬连类"所得到的结果，就是审美的。

孔子所谓的"兴"之中的"引譬连类"，强调艺术诉之于人们的社会性情感，唤起个体向善的自觉，也就是朱熹所谓"感发志意"的作用，所以"引譬连类"就不是单纯的说理教训，而是要求用艺术的形象去陶冶、发展、完成人生。换句话说，由于孔子十分强调艺术对个体心理的感染作用，把启发高扬个体的社会性情感（"仁"）看作是艺术的本质，这就使得"引譬连类"不是导向诉诸理智的抽象的说理，而是导向诉诸情感的形象的艺术。因此，孔子所谓"诗可以兴"，指出了艺术的特征是借助个别的、形象的东西，通过联想的作用，使人领会感受一般的、普遍的东西，是用艺术的形象去感染人、教育人。

从孔子强调的艺术就其对人的教育作用来看，在整个美学思想中具有一定地位和意义。"兴"在中国美学史上第一次深刻地揭示了诗（艺术）应以个别的、有限的形象自由地、主动地引起人们比这形象本身更为广泛的联想，并使人们在情感心理上受到感染和教育，孔子及其相关著作如图5-7所示。

图5-7　孔子及其著作《论语》

在民航服务艺术中应该体现孔子的"诗可以兴",这里分为两种情形:一种是民航服务中服务人员塑造的自身艺术形象,以自身的美德感染人、教育人,当然服务人员如同一首诗,具有审美性,如图 5-8 所示。一种是民航服务载体,包括时空环境如同一首诗,即用艺术的形象去感染人、教育人。如文艺作品、中外历史文化、国学思想等,用艺术的形象去陶冶、发展、完成人生,对旅客、对服务人员都是一种教育。

图5-8　民航服务人员形象

2．诗可以"观"

所谓"观",郑玄注为"观风俗之盛衰",基本上符合孔子的意思,但还需要进一步分析。

《论语》一书中用"观"字的地方不少,有些地方,"观"即是考察、观察的意思。如"听其言而观其行""观其所以,视其所由"都是考察、观察的意思,并且是以一种理智的冷静的态度去思考。但由于孔子仁学是以情理结合的实践理性为基本精神。这种"观"不只是单纯理智上的冷静观察,还是带有情感好恶特征的。孔子在现实生活中看到"风俗之盛衰"的不同表现时当然会引起赞美和嫌恶两种不同的感情,在诗中看到这种表现时当然也会引起审美上的不同感受。可见,孔子认为诗可以"观"并不是强调诗对于某一历史时代的社会生活的详尽描写,而是强调去"观"诗中所表现出来的一定社会国家的人们的情感心理状态,所以"观风俗之盛衰"主要是"观"人们的道德精神心理状态究竟是怎样的。他称赞《诗》三百篇的好处最根本的在于"思无邪"(《为政》),又称赞《关雎》乐而不淫,哀而不伤"(《八份》),都是从诗人所表现的人的道德精神心理状态去"观"的。孔子认为"郑声淫"(《卫灵公》),"恶紫之夺朱也,恶郑声之乱雅乐也"(《阳货》),也是因为在他看来郑声表现了一种邪恶的精神和情感心理状态。

3．诗可以"群"

所谓"群",孔安国注为"群居相切磋",朱熹注为"和而不流",虽然也是从对《论语》的体会得来的,但尚未抓住最本质的东西。

要了解孔子所说的"诗可以群"的含义,首先要了解孔子对于"群"的看法。孔子所谓的"群",指的是人生活于为氏族血缘所定的社会伦理关系之中,人只有在这种关系中才能存在和发展,在孔子看来,这是人区别于动物的特征。所以,孔安国在解释孔子的意思时说:"吾自当与人同群。安能去人从鸟兽居乎?"这是符合孔子的思想的。孔子在特定的历史形态下认识到了人的社会性,充分肯定了人的社会性,这是孔子的一个具有重要价值的思想,此外,孔子所说的"群"是同他所说的"仁"不可分地联系在一起的,在他看来,真正的"群"应当建立在人们的互爱互助的基础之上,孔子认为君子"群而不党"(《卫灵公》),这就是说,君子的"群"是以普遍性的"仁"为基础的,不是少数人的党同伐异。孔子主张"群"是人区别于动物的本质特征,又主张"群"应以个体之间的互爱为基础,这种关于"群"的思想,对人类的发展来说是可贵的思想。

怎样才能做到孔子所说的"群"?根本的东西是要实行"仁",还必须使"仁"成为个体自觉的心理需求,在情感心理上把个体塑造成一个具有社会责任感、与人们和谐交往、自觉行"仁"的人。孔子看到诗(艺术)正是进行这种陶冶的重要手段,它能帮助个体,使个体成为一个有社会情感、以"爱人"为自己行为准则的人,使群体生活和谐协调。从孔子关于诗以及乐的判断言论中,可以看出这正是他所说的诗"可以群"的实质。孔子论诗,注重诗于言的关系,认为"不学诗,无以言",而"言"正是人们交往的重要手段。诗之所"言",又是以"思无邪"为本,所以通过诗可以感发人们的"仁"的情感,起到群体的和谐的作用。因此,孔子认为通过学习诗,可感发人们的"仁"的感情,可以促进"仁"的实现,达到协和团结、凝聚氏族成员的目的,这无疑也是孔子所说的"诗可以群"的具体历史含义。在这个意义上,朱熹把"群"解释为"和而不流,"是符合孔子的思想的。

4. 诗可以"怨"

所谓"怨",孔安国注为"怨,刺上政也";朱熹注为"怨而不怒"。显然,朱熹的注是不贴切的,因为"怨而不怒"只是说明怨应有节制,并未说明"可以怨"的含义。孔子提倡"仁者"应该"爱人",但他并不认为怨恨就是绝对要不得的。

"群"在孔子那里虽然被当作诗所具有的作用之一,实际上它的意义也在于潜在地强调了艺术具有的表现情感从而感染人群的作用。"观""怨"也都伴随着情感的表现。例如,"观"显然包括有"怨"在内。因为师之所以能用来"观风俗之盛衰",正因为其中不仅表现了人民对良好政治的赞美,同时也表现了对不良政治的怨恨。"怨"和"群"更是密切联系着的。"怨"不是要离开群体,而正是要消除使个体和群体不能和谐一致的痛苦。钟嵘说:"嘉会寄诗以亲,离群托诗以怨。"(《诗品序》)"怨"因为离群而生,目的是重新回到群。这是符合孔子的思想的。王夫之也曾指出:"以其怨者而群,群乃益挚。"(《诗绎》)"怨"并不否定"群",而恰恰是为了使个体产生更为真挚强烈的"群"的情感。

总体看来,孔子论艺术的作用在于"兴""观""群""怨",诗的作用可分为"兴"、"观""群""怨"。那么,仪态艺术中的神如同一首诗,具有艺术的作用。

【案例链接】

上海机场圆满完成第二届进博会服务保障任务

据上海机场（集团）有限公司报道：2019 年 11 月 5 日至 10 日，第二届中国国际进口博览会在上海成功举办。上海浦东和虹桥国际机场是中外宾客抵离上海的重要门户，上海机场集团认真贯彻习近平总书记关于"进口博览会不仅要年年办下去，而且要办出水平、办出成效、越办越好"的指示精神，严格落实上海市委市政府和国家民航局的部署要求，对标最高标准、最好水平，在各保障单位的通力协作下，为中外嘉宾和展客商呈现了"更安全、更顺畅、更出彩"的机场保障服务，实现了"安全万无一失、运行有序顺畅、服务精致出彩、环境焕然一新"的总体目标，圆满完成了第二届进博会机场保障任务，如图 5-9 所示。

图5-9　民航服务人员迎接旅客的到来

与首届进博会相比，第二届进博会机场保障工作要求更高、规模更大。根据市委市政府、国家民航局的部署和要求，在首届进博会保障工作的基础上，上海机场集团进一步完善了"安全运行、服务、环境"三个保障方案，组成了由集团主要领导任组长的保障领导小组，下设两场运营保障和场容环境建设两个专项工作组，通过两个条线严密组织实施，确保各项措施落实到位。

与会嘉宾的机场保障，要求所有服务链上的保障单位必须如同钟表零件一般精密组合、严丝合缝、高效运作。11 月 5 日，一场与时间赛跑的进博保障在浦东机场成功上演。根据浦东机场指挥中心协调例会通告，1 月 5 日，预计 6 时 25 分落地的泰航 TG662 航班上有 11 个来自不同国家政府团组同机抵达浦东机场，其中有 11 位嘉宾需要在 08：30 前进入进博会主会场参加开幕式，当天还有 1 位嘉宾将另机抵达共同前往，这是一次极为罕见的保障任务，是对浦东机场协同保障能力的极限考验。面对一系列的难题，浦东机场各保障单位会同商务部、市商务委、空管部门、公安、联检单位、航空公司先后 4 次商议，形成了详细的保障方案，明确了航班滑行、入位停靠、远端安检等保障措施，尽最大可能缩短航班保障、人员出港时间。当天 5 时 53 分航班提前降落，在快速引导航班入位后，客梯车迅速靠机并安排旅客下机，在各保障单位的密切配合下，实施对同一航班分团接机、分团引导、分团安检，各接机小组成员、现场联络员、引导人员各司其职，迅速识别并引导 11 位嘉宾通过安检和办理入境手续，整个过程仅耗时 22 分钟，会同先机抵达的 1 位嘉宾，12 位嘉宾顺利坐上接机车辆前往进博会主会场，创造了浦东机场进博保障"新速度"。

热情服务是第二届进博会保障的"点睛之笔"。 中外宾客飞抵上海后，一下飞机就能在上海两大机场感受到浓厚的进博会氛围。两大机场在 4 座航站楼到达的醒目位置设置了 6 个进博会接待服务中心，浦东机场开通了免费巴士专线往返国家会展中心，将进博会举办地"四叶草"的"前台"延伸到了两座机场。进博会城市文明志愿服务站也设立在两场航站楼，浦东机场"雷粉团"、虹桥机场"小彩虹"携手高校学生志愿者共同组建进博会志愿服务团队，每天约 60 名青年志愿者在两场 5 个服务站、28 个延伸服务岗上岗，协助做好展客商接待、进博会咨询等工作，并提供外语翻译、问讯导乘、提携行李、助残帮扶、维护秩序、宣传垃圾分类和文明旅游等志愿服务，如图 5-10 所示。

图5-10 志愿者为旅客服务

上海机场贵宾服务公司则为中外宾客打造了具有海派文化底蕴的精致服务。一批新建的、修缮的贵宾服务设施在进博会前投入使用，服务设施以上海市花白玉兰为设计元素，服务人员也配以白玉兰主题服饰，体现海纳百川的上海城市精神和精致优雅的机场贵宾服务。进博会保障期间，机场贵宾服务团队组建了突击队、礼仪队、志愿者 3 支队伍，通过合理调配，保证"一团一人、一团一车，一团一策"的服务模式和服务标准，就是在 11 月 4 日嘉宾保障量创单日历史记录的时候，也没有降低服务标准。为保证服务保障信息精准、受控、安全，团队指定专人紧密与各联络单位保持信息动态沟通衔接，及时更新信息，以手工单形式输入及汇总每一批任务。现场的接待工作始终呈现快节奏状态，一线服务团队几乎连续在岗 5、6 天，持续站立 8、9 个小时是常态，永远将专业的状态和温馨的微笑展示给客人，得到了与会嘉宾的交口称赞。

实际上，民航服务艺术就是追求一种"神韵"，即一种理想的艺术境界，其美学特征是自然传神，韵味深远，天生化成而无人工造作的痕迹，体现出清空淡远的意境。通俗地说，神韵，就是传神或有意味。民航服务的仪态是一首诗，也是一幅画，可以"兴""观""群""怨"。

二、民航服务仪态艺术中的形

民航服务仪态艺术中的形是一幅画，是指人的素养不仅在外表，更在于内在思想、情感和意识，人的内心世界如同一幅画，是"质"之美。在中国古代美学思想中，"心声""心画"说，强调艺术与个体人格的不可分的联系。在书法艺术理论上，"书，心画也"的说法，成了经常被引用的名言，并且由书法而推及于绘画。宋代的米友仁郭若虚，清代的张庚等人都指出书法而推及书法艺术是"心画"，绘画艺术也是"心画"，两者都同"人品"的高下密切相关。这种说法成为从宋代开始发展起来的所谓"文人画"的重要理论基础。首先，"心声""心画"的说法，非常明确地指出了文学创作和文学家主观的思想感情的关系，极大地突出了中国古代美学把文艺看成是人的内在的思想感情的表现这一根本观点，并有所丰富。从历史上看，这一根本观点已隐含在"诗言志"这一古老的命题中，突出了文艺所具有的直接诉之于视听感官的形象性。

显然，做人与绘画是出自人的心。

郑板桥书法，用隶体掺入行楷，自称"六分半书"，人称"板桥体"。其画，多以兰草竹石为主，兰竹几成其心灵的郑板桥的书法艺术，在中国书法史上是独树一帜的，如图 5-11、图 5-12、图 5-13 所示。

图5-11　郑板桥书法

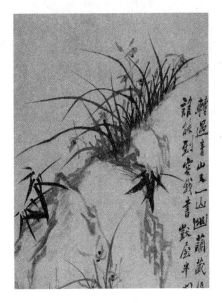

图5-12　兰草　　　　　　　　　　　　图5-13　郑板桥

竹，彰显气节，虽不粗壮，但却正直，坚韧挺拔，不惧严寒酷暑。竹是君子的化身，是"四君子"中的君子。竹身形挺直，宁折不弯，是曰正直。竹虽有竹节，却不止步，是曰奋进。竹外直中空，襟怀若谷，是曰虚怀。竹有花不开，素面朝天，是曰质朴。竹超然独立，顶天立地，是曰卓尔。竹虽曰卓尔，却不似松，是曰善群。竹载文传世，任劳任怨，是曰担当（见图5-14）。

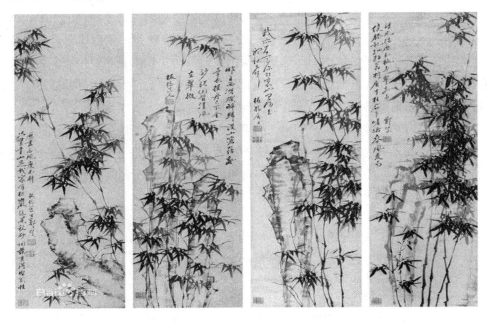

图5-14　竹

郑板桥画竹独特，画石亦如此。自然界再无情的石头在他笔下也活了，如《柱石图》

中的石头。

此外，在《淮南鸿烈》中多处提出和讨论了形、气、神，其基本思想在于阐发道家养生的理论，并非针对美和艺术而发，但又涉及了美与艺术，而且对后世产生了重要影响。

在《淮南鸿烈》中，人完全是自然的产物，是自然的一部分，人的形神是受于天地的（参见《精神训》），这是一种自然唯物主义的见解。与此同时，它又把人的生命（"性"）划分为形、气、神三个方面。"形"是人的身体（"形骸"），"气"是充斥于人体中的"血气"，是人与动物所共有的自然的生命力，而"神"则是为人所独有的感觉、意志、情感（爱憎）、思维等的总和，其中也包含了"视美丑"的能力。《淮南鸿烈》认为，人所以能"视美丑"是"气为之冲而神为之使"的缘故。这"神"有时又被称之为"心"。如果没有心以及心所主使的器官，人就不可能感受到美。

《淮南鸿烈》把审美感觉看作自然形成的人所具有的一种感觉功能，是一种朴素的唯物主义观点。它又指出了"神"是主使的包括感官在内的"形"的东西，没有它，就不会有审美的感觉。

此观点很好地说出了人的精神具有广大无边的想象的力量，而且他把这种想象能力的发挥同"耳听琴瑟之声"的艺术欣赏活动联系到一起了。

就人的美来说，"神"正是"形"之主，无"神"之"形"是绝不会有美的。"画西施之面，美而不可说；规孟贲之目，大而不可畏；君形者亡焉"（《说山训》）。这里所谓的"君形者"就是主宰"形"的东西，也就是"神"。由于画家没有表现出"神"，所以西施的面孔虽画的很美，但却不可爱，孟贲（古之壮士）的眼睛画得很大，却并不可畏。再从艺术的创造活动来看，艺术家内在的精神是创造的主宰，如果失去了精神的主宰，就不可能有成功的艺术创造。这也是"君形者亡"的表现。"使但吹竽，使氏厌窍，虽中节而不可听，无其君形者也"（《说林训》）。这里所讲的"但"与"氏"是传说中有名的乐师，意思是说让但吹竽，却让氏去给他按孔，虽然合于节拍但不中听，因为这样的演奏不是由演奏者自己掌握，而是发自内心的情感或者出自于天然之美。

天地在化生万物的过程中所产生出来的美，是任何能工巧匠的创造都无法比拟的。既然"质"所具有的天然之美是最高的，那么一切人工的文饰就是不必要的，至少也是无关紧要的了。这就是说，心与神、心与形是一致的，它必然渗透于民航服务艺术之中。

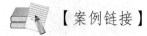 【案例链接】

乘务员日志

一位乘务员在自己的飞行日记中写道："王先生是一位常常奔波于北京和法兰克福的旅客。一上飞机，他便戴着蓝牙耳机打着电话，一直在滑动着手机，还不时翻看着一沓文件，低头忙碌。我默默地放下了热毛巾和一杯水，接着又轻轻地将桌子给他挪近一些，马上站到一边，做个机灵的"小助理"，以免让他觉得被打扰了。飞机推出即将起飞，王先生才放下手头上的工作，眯起眼睛，歇了下来。平飞后拉帘子的功夫，我发现他竟就这样坐着睡着了。见状，我赶忙拿起被子轻轻地为他盖上，生怕他会着凉。突然，他疲惫的眼角开了一条小缝，笑着动了动嘴唇说：'谢谢你'。'我给您铺个床，空调风很冷，这样不会受寒，您好好休息吧，醒来我再给您准备早餐。'还没等我挂好更换下的西装，他就躺下进入了梦乡。直到乘务长下降前的广播，我才轻轻地唤醒他，询问他是否想要用餐，他摇了摇头，拿起我端在一旁的水杯喝了一口，用热毛巾擦了擦脸。很多时候，我们可以通过一些小细节，了解到旅客的需求。一个动作，一句话、甚至一个眼神，想旅客之所想，急旅客之所急，设身处地的去感受，才能提供打动人心的服务。"

人工雕琢不是出自于内心感受，重视天然质朴之美，才能达到了后世不能超越的高度，自己的内心世界是一幅画才能达到神形兼备，产生审美效果。

民航服务艺术仪态艺术中的形，如同一幅画，人的素养，更在于内在思想、情感和意识，人的内心世界如同一幅画，是心与神、心与形相统一的"质"之美。

第四节　民航服务仪态艺术中的审美

审美是人类理解世界的一种特殊形式，指人与社会、自然形成一种无功利的、形象的和情感的关系状态。民航服务艺术是审美范畴所呈现的艺术表述美的形态，即优美和崇高是审美范畴的基本要素，在民航服务艺术中独具特色和深远意义。

一、仪态艺术中的审与美

1. 审与美的含义

审美也就是有"审"有"美"，在这个词组中，"审"作为一个动词，它表示一定有人在"审"，有主体介入，同时，也一定有可供人审的"美"，即审美客体或对象。

审，详细，周密，慎视；仔细思考，反复分析、推究。《荀子·非相》：审，谓详观其道也。《吕氏春秋·察传》：闻而审，则为福矣。《吕氏春秋·察今》：故审堂下之阴，而知日月之行，阴阳之变。审时，即察时令；审物，即察物情；审形，即察实情；审别，即审察辨别；审势，即审察形势；在《类篇》中，知道，知悉 ；审，知也。

美，是指能引起人们美感的客观事物的一种共同的本质属性。人类关于美的本质、定义、感觉、形态及审美等问题的认识、判断、应用的过程，是为美学。

美不是孤立的对象，而是与人的需求被满足时的精神状态相联系的人与刺激的互动过程，这种动态的过程包括三个要素：

一是信号——引起人愉悦反应的一切刺激，包括第一和第二信号。它是产生美的原因。

二是主体——人。它是美产生的场所。

三是美感——人的需要被满足时人对自身状况产生的愉悦反映。它可以是现实需要被直接满足时的感受，也可以是以往需求被满足的经验和记忆。如果以人感知客观世界的方式（嗅、触、尝、听、看、想）为标准，美可分为实用美、形式美、音乐美、精神美和创造美。以人的需要层次为标准，美可分为生理美、先验美和精神美。

审美是在理智与情感、主观与客观上认识、理解、感知和评判世界上的存在。审美现象是以人与世界的审美关系为基础的，是审美关系中的现象。美是属于人的美，审美现象是属于人的现象。

按人活动的场所分，可把美分为自然美和社会美。

按美产生时实物刺激的有无，美又可分为直接美和间接美。

按引起美的刺激是第一信号系统还是第二信号系统，美可以分为实际美和信号美。

美包括生活美和艺术美两个最主要形态。由于审美是一种主观的活动，因此，审美是人的一种特殊的行为，但是，美不是孤立的对象，而是与人的需求被满足时的精神状态相联系的，在民航服务中美便是一种艺术，它包含自然美和社会美，因此，在民航服务中审美是双方的，主客体并存的，是特殊的行为。一方面，民航服务社会性，包含生活方式、自然属性；一方面，民航服务艺术性，包含美感、审美心理、艺术表达等，如图 5-15 所示。

图5-15 民航服务的美

2. 审美范畴

所谓范畴，指的是人的思维对客观事物的普遍本质的概括和反映。各门学科都有自己的一些基本范畴，如具体劳动等，是政治经济学的范畴；如美（或优美）、崇高、悲剧、喜剧等是美学范畴。审美范畴作为美的本质的不同表现形态，如文化审美形态，有"美""崇高"之范畴；儒家的文化可谓　"中和"或"沉郁"这个范畴；道家属于"玄妙"或"飘逸"这个范畴；形态不同，表现的风格也不同。审美范畴即情感范畴，任何艺术作品都有它的情感基调，必须把握作品的情感基调才能理解艺术作品，作品的情感基调与作者的情感气质类似，因此，我们可以用"欢快"来说莫扎特的音乐和莫扎特本人。这就表明，在莫扎特和莫扎特的音乐之间有一种内在的关联，这种关联是情感性的，而且是先验的。这种先验的情感范畴决定了莫扎特成为莫扎特，决定了莫扎特的音乐成为莫扎特的音乐。同时，我们只有通过这种情感范畴比如说"欢快"才能进入莫扎特及其音乐的审美世界。因此，审美是情感范畴的，是艺术家依据自己的情感创作艺术品，这就是艺术美学的构想。我们之所以能够感觉莫扎特的音乐优美，那是因为在任何感觉之前，我们对悲、哀婉或开朗已有所认识，这种认识通常是由美学提供的。情感范畴就是一种感觉，正如德国美学家鲍姆嘉通认为的美是一种感觉学。

审美的范围极其广泛，包括建筑、音乐、舞蹈、服饰、陶艺、饮食、装饰、绘画等，这是物质上的审美，还有精神上的，包括思想、意识、艺术、文化、文学、语言等，审美存在于我们生活的各个方面。

审美在民航服务艺术中尤为重要，优美和崇高是民航服务艺术的基本要素，如图 5-16、5-17 所示。

图5-16　民航服务人员引导服务

图5-17　四川航空股份有限公司英雄机组

国家民航总局每年会进行民航劳模先进评比，树立典型，弘扬劳模精神、劳动精神、工匠精神，让他们成为民航精神的传承者和传播者，也让更多的民航服务者在自己平凡的工作岗位上为实现民航强国战略而不断努力奋斗。

【案例链接】

全国民航劳模先进座谈会召开

弘扬劳模精神 凝聚建设民航强国的强大正能量

《中国民航报》、中国民航网记者陆二佳报道：在"五一"国际劳动节来临之际，2019 年 4 月 29 日，全国民航劳模先进座谈会在京召开，来自全行业的劳模代表共聚一堂，共话中国梦，畅谈劳动美，如图 5-18 所示。民航局局长冯正霖出席座谈会并强调，希望全体民航人大力弘扬劳模精神、劳动精神、工匠精神，做习近平新时代中国特色社会主义思想的践行者，做当代民航精神的弘扬者，做新时代民航强国建设的奉献者，向新时代民航强国目标奋勇前进。民航局副局长、民航工会主席董志毅主持座谈会，全国总工会劳动和经济工作部副部长闵迎秋，民航局总飞行师，安全总监及相关司局负责人，民航在京单位工会主席，民航业内劳模先进代表参加座谈会。

图5-18　参会领导和代表合影留念

冯正霖首先向民航广大干部职工致以节日问候，并向荣获 2019 年全国五一劳动奖状、奖章、工人先锋号和民航劳模（高技能人才）创新工作室的先进集体和先进个人表示祝贺。他说，劳模是民航广大干部职工的杰出代表，中国民航取得的成绩是以劳模先进为代表的一代代民航人不忘初心、牢记使命、砥砺奋斗、甘于奉献、一棒接着一棒干的结果。当前，中国民航正按照"一加快、两实现"战略进程，向着新时代民航强国目标奋勇前进，实现这个目标需要包括劳模先进在内的全体民航人大力弘扬劳模精神、劳动精神、工匠精神，努力践行当代民航精神，凝聚起建设民航强国的强大正能量。

　　冯正霖强调，民航广大职工要做习近平新时代中国特色社会主义思想的践行者，加强理论武装，坚持知行合一，以习近平新时代中国特色社会主义思想为行动指南，自觉用习近平新时代中国特色社会主义思想武装头脑，不断增强"四个意识"，坚定"四个自信"，把践行习近平新时代中国特色社会主义思想的意志和决心转化为建设民航强国的责任与担当，把贯彻落实习近平总书记关于工人阶级的重要论述、对民航工作的重要指示批示精神落实到岗位和行动上，为民航改革发展贡献智慧和力量。要做当代民航精神的弘扬者，敢于坚守平凡，从一点一滴做起，日复一日、年复一年，把平凡的工作做实做细做深，于平凡中实现不平凡的人生价值；勇于超越自我，要以劳模先进为榜样，见贤思齐、学赶先进、争创一流；敢于冲锋陷阵，在党和国家大事要事、民航急难险重任务中靠得住、顶得上、打得赢。要做新时代民航强国建设的奉献者，勇于担当，抓基层、打基础、苦练基本功，全面落实"一二三三四"民航总体工作思路的目标要求，主动投身民航强国建设；秉承匠心，大力弘扬崇尚劳动、崇尚技能、崇尚劳模的精神，以勤学长知识、以苦练精技术、以创新求突破，不断提高技术技能水平和综合素质，助力民航高质量发展；解放思想，对标民航强国的八个基本特征，补齐自身工作短板，积极投身到深化民航改革实践，共建共享改革发展成果。

　　冯正霖还强调，民航各级单位要加强党对工会的领导，加大对工会工作的支持力度；各级工会组织要深入贯彻落实中央党的群团工作会议精神和习近平总书记同全总新一届领导班子成员集体谈话时的重要讲话精神，切实承担起引领民航广大职工听党话跟党走的政治责任，发挥工会在服务大局、服务职工工作中的重要作用，推动工会工作不断取得新成绩。

　　会议向 2019 年民航系统全国五一劳动奖状、工人先锋号获奖单位代表，全国五一劳动奖章获得者，民航劳模（高技能人才）创新工作室代表进行了颁奖、授牌（见图 5-19）。全国五一劳动奖章获得者、首都机场集团北京新机场建设指挥部高级业务经理吴志晖、中国民航英雄机组成员、四川省五一劳动奖章获得者、四川航空重庆分公司飞行分部综合业务管理室经理梁鹏等 7 名劳模代表在会上作了发言交流，讲述了自己践行劳模精神、劳动精神、工匠精神的点点滴滴，展现了民航职工昂扬向上的精神面貌、勤劳美丽的劳动者形象，生动诠释了"忠诚担当的政治品格、严谨科学的专业精神、团结协作的工作作风、敬业奉献的职业操守"的当代民航精神。

图5-19　颁奖、授牌

首先，来看优美，什么是优美，优美是审美范畴的词汇，包括秀美、纤丽美、阴柔美、典雅美等。优美作为社会实践的产物，反映了社会实践中目的和现实的一致，是真与善的统一，表现了人与自然的和谐关系，如小桥流水、风和日丽等。

优美的最根本的特征在于和谐，从中显示了主体和客体所达到的平衡、统一状态。这种和谐具体表现为：主体与对象的和谐、对象的外观形式与内蕴的协调。这种和谐体现在自然、社会人生和艺术等各个层面。

优美的对象在感性形象方面具有小巧、柔和等品格。优美作为美的一般形态，以和谐、协调、一致、均衡、统一为特点。优美的本质属性是和谐。在它的内涵中，必然和自由、主体与客体之间均处于协调和完善状态。在外在形式上，它呈现为柔媚、优雅、纤巧、秀丽、飘逸、安宁、淡雅的美。优美能给人轻松、愉快和心旷神怡的审美感受。从自然的角度看，优美是人与自然的和谐统一；从社会的角度看，优美是人与社会的和谐统一。

优美作为一种美的形态表现于各个领域。在不同的领域它显示出各自不同的特征。自然领域的优美偏重于形式。多样统一的形式美，是自然领域中的优美的重要构成因素。它以形式的优胜显现于具体的现象形态之中。因此，它引起的美感属于顺受形式。它的具体心理状态是亲切、舒适、愉悦。

社会生活领域中的优美，偏重于内容，突出地体现为真善美的和谐统一。人是社会的主体，人的行为是社会美的主要对象。美的人或美的举动行为应是外在形式美与内在心灵美的和谐统一。因此，优美也是民航服务艺术实现社会服务的一种境界。

其次，来看崇高，崇高作为美的一种范畴，主要指对象以其粗犷、博大的感情形态，劲健的物质力量和精神力量，雄伟的气势，给人以心灵的震撼，使人惊心动魄、心潮澎湃，进而受到强烈的鼓舞和激越，引起人们产生敬仰和赞叹的情怀，从而提升和扩大人的精神境界。崇高是数量或力量巨大的对象使人感受到恐惧和体验到痛感，但主体的精神对恐怖对象的征服使痛感转化为快感，使精神力量得以确证和提升，使主体直接确定自己的本质力量。

崇高有如下特征：

（1）在外形上，往往具有粗犷博大的感性形态。如巍巍泰山、滔滔长江等。

（2）在威力上，往往具有强健的物质力量和精神力量以及压倒一切的雄伟气势。如火山、雷电、奔马等。

（3）在心理效应上，往往给人以心灵的震撼，使人惊心动魄、心潮澎湃。

（4）在精神效应上，总是给人以强烈的鼓舞，引人赞叹，催人奋进。

崇高的特点是美处于主体与客体、自由与必然的矛盾激化中。它具有一种压倒一切的强大力量，是一种不可阻遏的强劲的气势。其在形式上往往表现为一种粗犷、激荡、刚健、雄伟、坚韧的特征。作为一种美的形态，崇高广泛地存在于自然、社会和艺术作品中。自然的崇高是以它巨大的力量和强大的外在感性特征使人产生惊奇、赞叹与敬畏的崇高感。无论是汪洋恣肆的海洋还是千重万迭的高山，无论是闪电雷鸣还是暴雨狂风，都显示人的感官难以掌握的无限大的特性。正是这些看来令人惊奇、敬畏的自然现象成为崇高的对象。崇高也表现在社会生活领域，这是崇高的更为重要的领域。社会领域的崇高具有明确的伦理道德本质。在这里，美学范畴与道德范畴是重合的，社会崇高的实际内容就是至善。社会生活的本质是实践的，是人们改造现实的斗争过程，那些体现着推动历史前进的进步力量及其代表人物正是社会崇高的本原。如民航服务中涌现出来的英雄人物，他们在空难中舍身救人、在危急关头战胜困难，为人民献身。这里英雄、豪迈、伟大、英雄主义可以看成是社会崇高。社会崇高既包括那些英雄人物在斗争中暂时遭受失败甚至毁灭的悲壮美，也包括凯旋式的雄壮之美。因此，优美和崇高是美的两种互补共存的美的基本形态。民航服务艺术便是培养具有崇高的理想、行为，高尚的道德情操的人。因此，崇高在民航服务中一是指职业的崇高性，二是指伦理道德规范行为。

所以，民航服务艺术是属于审美范畴的，崇高的对象与优美的对象都让我们心旷神怡。从一般人的审美需要看：人们既需要崇高的对象，也需要优美的对象。刚柔相济是人的生命原有的节奏。因为，人之所以审美，除了愉悦自己的目的之外，在很大程度上也是为了完善自己。通过一代代人对世界的评判，不断进化，形成了更为完善的对事物的看法，剔除人性中一些丑陋的东西，发扬真、善、美。尤其是在民航服务业，崇高标志着社会的崇高、服务意识的崇高、服务技能的崇高、服务心理的崇高，它是民航服务艺术的灵魂，是民航服务美的内涵和艺术审美的原动力。

二、美的内涵与民航服务艺术

美的内涵是指能引起人们美感的客观事物的一种共同的本质属性。美包括生活美和艺术美两个最主要的形态。生活美又分为自然美和社会美。艺术美包含优美、崇高、悲剧、喜剧等几个基本范畴。

虽然人们都能感受到美，并且能够识别美，但是在回答"究竟什么是美"的问题时，答案却千差万别。总结前人的有代表性的观点，主要有下列几种：美是形式的和谐；美是上帝的属性；美是完善；美是愉快；美是关系；美是理念的感性显现；美是生活；等等。

美的定义众说纷纭，但概括归纳起来主要有以下五个方面。

1. 客观说

这种理论最初注重美的自然属性的研究，发现了有关和谐、比例、对称、多样统一等美的外观形式法则。后来侧重于社会美的研究，对美与生活的关系等问题有精辟的论述。代表人物有狄德罗和车尔尼雪夫斯基等。

2．主观说

认为美是人的意识、情感活动的产物或外射表现，这种理论在审美意识、审美心理、审美感情方面做了较为深入的探讨。代表人物有休谟、康德、柯罗齐等。

3．主、客观关系说

认为美既不在客观，也不在主观，而在二者的结合中。但在论说中有倾向于客观的，也有倾向于主观的。

4．超自然说

认为美是上帝、神或某种超越主、客观的"第三力量"创造的。

5．社会实践说

认为美的本质是人的本质的对象化，自然的人化，是合目的性和合规律性的统一，真与善的统一，是自由的形式。

上述各种美论在相互对立中，又相互影响、批判、吸收、继承，呈现出一种复杂的发展态势。现代西方美学不再遵循传统美学自上而下的哲学演绎的研究方法，而采用自下而上的实证法，强调直觉、潜意识、本能冲动、欲望升华、主观价值、情感表现等主观因素的研究。自 19 世纪下半叶以来，先后出现了实验美学、游戏说、快乐说、移情说、距离说、表现说、心理分析、格式塔等各种美学流派。这些流派对美的探索有不同程度的贡献。关于美的本质的研究，发展到今天，尽管尚无定论，但它已使美学与其他科学的研究密切地联系在一起了，现代心理学、生理学、数学、信息论、系统论、社会学、经济学、考古学等都在不断给这一难题的解决提供新的途径。

因此，民航服务艺术包含了极为丰富的内容，首先是要掌握艺术的本质，这就需要民航服务人员要用艺术知识丰富自己，才能艺术地做好服务工作；其次，美学，即在艺术主观因素上出现的，包含心理学、社会学、哲学等，是合目的性和合规律性的统一，真与善的统一，是自由的形式。民航服务艺术应该是一门科学，是研究人类生命活动的艺术美学的科学。

三、审美体验与民航服务艺术

体验，是一种生命活动的过程，体现为人的主动、自觉的能动意识。在体验的过程中，主客体融为一体，人的外在现实主体化，人的内在精神客体化。在人类的多种体验当中，审美体验最能够充分展示人自身自由自觉的意识，以及对于理想境界的追寻，因而可以称之为最高的体验。人在这种体验中获得的不仅是生命的高扬、生活的充实，而且还有对于自身价值的肯定，以及对于客体世界的认知和把握。因而，我们不仅应把审美体验视作人的一种基本的生命活动，而且还应该将其视作一种意识活动。

将人生的痛苦当作一种审美现象进行观照，同时也就意味着是一种从艺术的视野而不是从道德评价的视野来观察和感悟生命的审美的人生态度。如果我们能够化悲痛为力量，换一个角度来审视人生的挫折和痛苦，将这些人生历练作为一种难得的财富加以咀嚼和收藏，则能够从人生的风浪中，变得成熟，或许这样的人生才算真正的有意义，能够真正做到这些的人才算真正的活过。审美的最高境界或许便是如此。

审美体验就是形象的直觉。所谓直觉，是指直接的感受，不是间接的、抽象的和概念的思维。所谓形象，是指审美对象在审美主体大脑中所呈现出来的形象，它是审美对象本身的形状和现象，受到审美主体的性格和情趣的影响而发生变化。如同样是一朵花，在植物学家的眼中，看到的是它属于那个花科；在动物学家眼中，看到的是它花蕊中的寄生虫；在哲学家的眼中，看到的是它带给人们带来愉悦的社会功能。这种因所从事的职业的不同，而产生的直觉的不同是审美体验受审美主体的性格和情趣的影响而发生变化的最佳证据。所以说，审美体验的直觉不是一种盲从，而是一种扎根于审美主体的自身文化、学识、教养的高级"直觉"。

审美者与审美对象之间要保持一定的心理距离才能产生美感体验。所谓心理距离，是指审美者撇开功利的、实用的、生物性的概念，用一种超脱的、纯精神的心理状态来关照对象，不要去注意和思考与审美对象的美学价值无关的事情，例如对象的科学性质或经济价值等，也不要抱有功利的和实用的打算，以及把主客体之间的种种其他现实的关系在心理上拉开距离，要防止或削弱这些方面的活动进入审美意识。朱光潜先生曾举了一个雾海行船的例子来说明心理距离。在朦胧的雾气中，听着邻船的警钟、水手们手忙脚乱的走动以及船上旅客的喧嚷，人们时时在为自己的安全担忧和恐惧，在这种情况下是无法产生和谐的美妙的审美体验的。但是，站在海岸上的人，观看雾景所产生的心情则和那些身处雾中的船工、游客的心情截然不同了。在前一种体验中，海雾是实用世界中的一个片断，它和人的知觉、情感、希望以及一切实际生活需要联系在一起，用它实在的威胁性紧紧地压迫着人们，也就是说关系太密切，距离太接近，所以没有办法客观地欣赏。而后一种体验，则是使海雾与实际生活之间保持了一种的"距离"，于是人们能够不畏忧患休戚的念头所困扰，而以审美的心境对它欣赏。

审美体验是一种心理过程，即移情。审美体验总是从内部引起的，先在身体上面发生一定的反应，这种从内部产生的感觉会引发一种情感，适合这种情感的形式便会产生相应的美感。移情就是设身处地地体会审美对象的心情，将审美主体自己的情感投射到有生气的结构中，从而把自身置换到对象中进行体验。民航服务实际上是一种审美体验，在审美或欣赏时，人们把自己的主观感情转移或外射到审美对象身上，然后再对之进行欣赏和体验。

民航服务，实际上主客体都存在审美心理，这种审美心理是一种审美体验，是互相的、互动的，渗透在服务艺术之中的。特别是在民航服务仪态艺术中审与美是共存的，如图 5-20 所示。

图5-20　民航服务人员对客服务

审美体验是审美主体的全部心理因素和功能的投入，实际上就是艺术家创作活动中的生命意识与心理流变的发展和延宕。同样，民航服务艺术是一种生命活动的过程，体现为人的主动、自觉的能动意识。在审美体验的过程中，即是说，在服务中，主客体融为一体，将自身的知识、修养和服务意识及能力内化，即人的内在精神客体化。在人类的多种体验当中，审美体验最能够充分展示人自身自由自觉的意识，在民航服务中即是指服务意识的主动性与能动性的统一以及对于理想境界的追寻，因而可以称之为最高的审美体验。具有这样的审美体验获得的不仅是生命的高扬、生活的充实，而且还有对于自身价值的肯定，以及对于客体世界的认知和把握。

四、民航服务仪态艺术中的审美过程

1. 审美过程

审美过程从它的起始到结束是一个有机的完整的心理活动过程，这个过程可以分为三个阶段，即准备阶段、观照阶段和效应阶段。审美过程的准备阶段是指即将进入审美状态前的预备阶段。审美活动一般起始于两种情境：一种情境是审美对象的出现，作为一种刺激引起了审美主体的注意并使主体中断其他内容的心理活动而转向审美对象。在审美期望过程中，如果主体对审美对象的想象过高，即有较高的期望值，而实际出现的审美对象低于自己的期望值，则先前的想象将会影响后来的审美活动，使审美愉快或兴奋值下降；如果在审美对象出现之前的期望值较低，而后来出现的审美对象高于先前的期望值，则会使后来的审美活动加强，提高审美愉快感。观照阶段是审美活动的主体过程。在美学的术语中，观照是指主体对审美对象的凝神专注。按照心理学的术语，这个阶段是审美感知和审美理解的过程。在这个过程中，随着审美感知、审美联想和审美想象，主体体验到直觉美感和形象性美感。观照阶段的一个突出特点是认识过程与审美情感交织在一起，主体在观照审美对象的过程中体验到强烈的美感。效应阶段在审美活动中，当审美对象离开审美主体或审美主体离开审美对象时，观照阶段就结束了。但是审美的心理活动并没有结束，紧随观照阶段而来的就是审美的效应阶段。

实际上，审美过程三个阶段可概括为：一是审美感知过程，是伴随着审美的感性愉快或直觉美感而生成的；二是审美理解过程很重要，即审美联想和审美想象过程，它是伴随着形象性美感和理性美感而生成的。

值得注意的是，这种审美的欲望促使人们追求美、创造美，成为追求和创造美的动力。民航服务艺术是一种独特的审美活动，是民航服务人员具有一定的想象力和感知力，才能创造美的服务艺术。即是说，审美活动不仅能导致审美评价和审美欲望，而且通过审美活动还会产生更深远的效果，即提高审美鉴赏能力。人的审美鉴赏能力作为一种人的个性心理特征，不是生来就有的，而是后天习得的，是在多次审美活动过程中逐步形成并不断提高的。

2. 审美因素

人的心理活动不是单一的，是相当复杂的。由于我们大脑各种功能的整体发挥，感知、理解、想象、联想、情感等活动此起彼伏、相互联系、彼此促进，就形成了人的审美心理机制，这种机制在仪态艺术审与美中所呈现出来时是一种艺术展示、艺术传达和艺术表述。

（1）审美过程当中的感受和理解。人类的一切认知活动，都离不开对客观事物的反应。但是，我们人在认知不同对象的时候，所经历的心理过程并不是完全一样的。从心理学的意义上来说，人的感觉器官，如果不受到一定程度的刺激，就不可能感知任何事物。这个刺激是的确存在的。审美活动也不例外，艺术作品或者其他一个美的事物，之所以能成为审美的对象，被感知，那就是因为这个作品、审美对象给了审美主体一个美的形象刺激，所以才能够带来不同感官、不同程度的生理上的快感和精神、情感的愉悦。审美主体要运用自己本来就有的生活经验和知识，把它参加到审美对象当中去，和它的内容联系起来，从而获得对审美对象的深刻理解。

（2）审美过程中的联想和想象。审美过程当中，由于审美者面对的是很富有吸引力的、启发性的一种美的形象，所以会自然地唤起对事物的种种联想和想象。这些联想和想象是在对审美对象有所感受、有所理解的基础上产生的。它们反过来又会加深感受和理解。

在审美的过程当中、联想和想象当中，有一个较为特殊的问题需要专门论述，就是我们欣赏语言艺术，是要通过再造想象的。想象包括创造想象、再造想象、自由想象。什么叫再造想象呢？再造想象就是根据语言、符号、图样的描述和指示，你在头脑中构想相应的形象。比如一个建筑师拿到一个建筑设计图，想象未来的高楼大厦是什么样的，这就叫再造想象。

语言艺术的审美必须通过再造想象。有的人看书囫囵吞枣，根本没有把握住再造条件是什么，脑子里也没出现有关的人物，那就不叫艺术欣赏。特别是读中国的诗词曲赋，这些语言艺术作品，它含有更大的特殊性。因为它有很多典故。如果你的文化素养能够通晓，你看这个典故不但有形象感，而且还能够联想、想象。特别是唐代以后用的典故，都是意向化的。

（3）审美过程当中的情感活动。情感活动是审美心理当中极为重要的组成部分。因为任何审美过程，如果不能动人以情，那就不能使人产生美感，或者至少这个美感是不深刻的。你对客观事物产生了态度，态度变为生理感觉，生理感觉又被你体验出来，这就叫情感。

在美感引起的情感活动当中，有两种基本的情感，就是"惊"和"喜"的结合。"喜"就是审美愉悦、赏心悦目，是一种快感。"惊"是对艺术作品的惊异之感、敬佩之情，它在意识的深层，你往往无所觉察。但是却是审美评估里的很重要的因素，因为艺术美当然属于多种因素的和谐结合，其中最重要的因素就是一个创造力量的外化，人的本质力量是人所特有的。

例如，有位乘务员在一次执飞 A321 机型时，在对紧急出口旅客进行评估时，发现旅客边打电话边咳嗽，于是先为那位旅客拿了一瓶小矿泉水并立刻进行出口评估，旅客一边点头感谢，一边很配合地挂断电话，耐心地倾听评估内容。按照规定旅客坐到紧急出口第一时间进行评估是工作的规定，可是如果旅客正在打电话，直接打断，很容易让旅客对乘务员心生厌烦或抵触，很可能导致后面的紧急出口的介绍很敷衍回应了事。可能一瓶水就拉近了旅客与乘务员的距离，为后续工作的开展做好铺垫。贴心地为旅客着想，是乘务员飞行中一直不变的初心，有的旅客说话声音沙哑，有可能是身体不舒服，需要喝水；有的旅客穿得少，是不是需要毛毯；有的老年旅客，是不是需要靠枕。多去关心、询问几句，旅客不一定需要但却拉近了人与人之间的距离。

因此，美不是孤立的对象，而是与人的需求被满足时的精神状态相联系的人与刺激的互动过程。美源于生活，源于对事物的审美感知，源于人心灵深处的体验和无限创造力。美无处不在，只要我们在民航服务中有善于发现美的眼睛和善于感知美的心理。仪态艺术中的审美便是一种艺术展示，是在服务中的审美感知、审美体验和审美传达。

 思考题

1．什么是仪态？它包含哪些内容？其功能是什么？
2．如何理解礼仪的文化内涵？
3．如何认识艺术的审美本质？
4．根据自己的理解和体验，谈谈艺术的审美特征及其在民航服务中的重要性。
5．什么是形神兼备？你是如何理解的？
6．说说情感在民航服务艺术中作用和地位。

第六章　民航服务心灵艺术

艺术源于人类心灵深处的感受、感知。内心所感，通过心灵的窗口传达到外界。相对于民航服务而言，便是用心灵服务于社会，或者说服务于人们的审美需求，是一种心灵艺术。心灵艺术是彰显民航服务人员的思想境界和道德情操的，在民航服务艺术中，心灵美包含了真、善、美的传递与彰显。

第一节　心灵艺术

心灵是一种意识，是反映人类内心世界的一面镜子，它能体现人们为社会服务的价值观。心灵是一个生命场，是由孕育、发育、培育、教育逐步完善的。

一、心灵的内涵

心灵，即思想感情，心思灵敏。佛教指人的意识、精神、灵知。《楞严经》卷一："汝之心灵，一切明了。"南朝沉约《佛记序》："推极神道，原本心灵。"南宋颜延之《庭诰文》："幸有心灵，义无自恶。"南朝钟嵘《诗品·总论》："凡斯种种，感荡心灵。非陈诗何以展其义，非长歌何以骋其情？"唐权德舆《侍从游后湖宴坐》诗："心灵一开旷，机巧眇已疏。"梁启超《医学善会叙》："保种之道有二：一曰学以保其心灵，二曰医以保其躯壳。"叶圣陶《给少年儿童写东西》："美出自心灵，出自作者的高尚的情操。"

从词源上看，是一个器官，心，是引领人获得生命高度提升的器官，是人体整个机能运作的中央控制区，一切活力的来源。首先来看，"心"，象形字。心，有两种说法：一说，据甲骨文和小篆，中间像心，外面像心的包络。本义：心脏。即是说，心是本体，就是说心是心脏，这个心脏参与整个身体的运行；《说文解字》注：心，人心也。在身之中，象形。在肺之下，隔膜之上，着脊第五椎。形如莲蕊，上有四系，以通四脏。心外有赤黄裹脂，谓之心包络。二说，是心的意识功能，在古代，把心意识功能称之为禅，也可以这样说，中华文化就是禅的文化，心的文化。另外佛家的禅心说法只是沿用和传承了中华古文化而已，不是佛家创造出来的。因此，心，有形之心，处在胸部左侧肺部之中，统称"心脏"，属于血液循环系统中的重要器官。无形之心，灵魂的另一个名字，也称"心灵"，属于神主生成的非物质活体。身心健康的人就是指生命构造健全而灵魂也同样拥有完全神志的健康人。亦指一个人的精神世界与情感表达。

心，人和高等动物体内主管血液循环的器官。语出于《古文观止》："心，人心也。在身之中，象形。"《诗·小雅·杕杜》："日月阳止，女心伤止。"

关于心的词汇很多，如心心相印，心灵相通，心灵手巧、心旷神怡、心情舒畅、心猿意马、小心翼翼，心无旁骛、心血来潮、心有所属、心事重重、心灰意冷、心有所属、一心一意、三心二意、心花怒放、心情、狼心狗肺、丧心病狂、心意、心脏、心室、心事、心墙、心房、心疼、开心、安心、虚心、细心、小心、粗心、用心、花心、好心、狠心、核心、灰心、黑心、寒心、热心、忍心、恒心、欢心、会心、决心、变心、伤心、痛心、信心、爱心、放心、省心。

就人类的心灵而言，它不是我们的头脑（在这里，头脑是大脑、小脑及脑干等结构的总称），也不是我们的心脏，总之，它不是我们的肉体，但它就在我们的头脑里，在我们的心脏里，在我们的每一寸肌肤里。人类的心灵是一个场，一个生命场，这样的一个场有一个能量聚集的中心，那一个中心在我们的腹部。它是随着作为个体的生命的诞生而诞生的。心灵有属于它自己的身体的部分以及属于它自己的功能，就如同头脑有它自己的组成与功能一样，但它们并不是同一个东西。心灵也不是通常所认为的那样是头脑的一种功能；并且，就如同肉体一样，心灵有着属于它自己的成长与发育的过程和规律，尽管在众多的因素的影响下，它不一定能够成熟。

二、心灵的功能与培育

心灵的功能是指人类的情感、思想、意识、心理、生理和审美的表述，或者说人的欲望与本能。我们的心灵蕴含有我们的气质（而非性格），此外，心灵有属于它自己的判断与特有的"思考"的功能，这样的功能建立在先天因素的基础之上，同时有赖于后天的经验的积累。

1. 心灵是一种潜意识

潜意识是指人们不能认知或没有认知到的部分，是人们"已经发生但并未达到意识状态的心理活动过程"。弗洛伊德又将潜意识分为前意识和无意识两个部分。在弗洛伊德的心理学理论中，无意识、潜意识和意识虽是三个不同层次，但又是相互联系的系统结构。弗洛伊德将这种结构做了一个比喻：无意识系统是一个门厅，各种心理冲动像许多个体，相互拥挤在一起。与门厅相连的第二个房间像一个接待室，意识就停留于此。门厅和接待室之间的门口有一个守卫，他检查着各种心理冲动，对于那些不赞同的冲动，他就不允许它们进入接待室。被允许进入了接待室的冲动，就进入了前意识的系统，一旦它们引起意识的注意，就成为意识。他将潜意识分为两种一种是潜伏的但能成为有意识的潜意识——前意识；另一种是被压抑的但不能用通常的方法使之成为有意识的潜意识——无意识。潜意识的结构如图 6-1 所示。

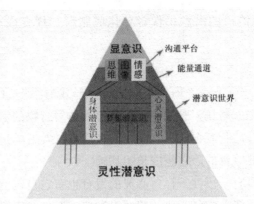

图6-1　潜意识结构图

　　这里的"心"是"心灵"的简称。那么，心的潜意识是什么意思呢？在这里，它的意思是，当心灵的感受、态度、"思考"、选择等不为我们的头脑意识到的时候，相对于我们的头脑而言，它们就成为心的潜意识。其实实际的潜意识是意识的一部分，是可以训练的。

　　一是训练开发潜意识的无限蓄储记忆功能，为我们的聪明才智开辟广阔深厚的基础。即是说，对于一个追求成功与卓越的人来说，应该不断地学习新的东西，给潜意识输进更多的基本常识、专业知识、成功知识以及相关的最新信息。

　　二是训练人的学习能力，"事事留心皆学问"，你想让大脑更聪明，更有智慧，更富于创造性，更符合现实性，就必须给潜意识输送更多的相关信息。为了使你的潜意识储蓄功能更有效率，可采取一些辅助手段帮助储存。如重要资料重复输入，重复学习，增加记忆功能，建立看得见的信息资料库——分类保存图书、剪报、笔记、日记、现代的电脑软盘等，以便协助潜意识为我们的创造性思维和其他聪明才智服务。

　　三是训练对潜意识的控制能力，使它为我们的成功服务，而不是把我们导向失败。

　　四是开发利用潜意识自动思维创造的智慧功能，帮助我们解决问题，获得创造性灵感。潜意识蕴藏着我们一生有意无意、感知认知的信息，又能自动地排列组合分类，并产生一些新意念。

　　五是不断地想象，不断地自我确认，不断地自我暗示。具体地说，珍惜原来潜意识中的积极因素，并不断输入新的有利于积极成功的信息资料，使积极成功心态占据统治地位，成为最具优势的潜意识，甚至成为支配我们行为的直觉习惯和超感。

　　此外，对一切消极失败心态信息进行控制，不要让它们随便进入我们的潜意识中。遇到消极思想信息时，可采取两个办法加以控制：

　　一是立即抑制它，回避它不要让它们污染你的大脑思想。对过去无意中吸收的消极失败潜意识，永远不要提起它，让它遗忘，让它沉入潜意识的海底。

　　二是进行批判分析，化腐朽为神奇。用成功积极的心态对失败消极的心态进行分析批判，化害为利，让失败消极的潜意识像毒草化成肥料一样变成有益于成功卓越的思想意识。

2. 心灵是一个生命场

心灵是一个生命场，它是以"场"这样的一种形式与我们的其他器官发生相互作用的；同时，心灵也是一个能量场，它的能量是通过人体对食物的消化吸收后转化而来的，并且，这部分能量只会在履行其自身的功能以及在其成长发育的过程中被消耗掉。因此，人的心灵的发育，是需要培育的，它是成长的基础。

就如同生理的发育具有阶段性一样，心灵的发育也有它自己的阶段性。如前所述，心灵蕴含着人们的气质、本能，它是人们的情感以及情感取向的感受器，它有属于它自己的判断与"思考"的功能。此时，在各种各样的感受下，心灵执行着属于它自己的选择权利，当然，作为一项功能而言，我们可以说，婴儿的选择的功能亦已经成熟了。并且，心灵开始了它的喜欢，开始了它的不喜欢，它有它的情感的取向。至于人的情感，在婴幼儿却是逐渐成熟的。一开始是喜与哀，当婴儿诞生的时候，怒、焦虑、恐惧以及忧郁等情感是不存在的，这些情感是伴随着我们的生理感受的发育成长而被催化的。至于心灵的判断与"思考"功能，此时，它在经验上是有欠缺的，它的"成熟"需要时间去积累。至于心灵的态度，它是随着自我意识的发生而被催生的，是具有可塑性的，是因人而异的。

孩子发育到一定阶段，自我意识自然产生，它的产生是属于头脑的，但会"传递"给心灵。假如一个孩子是处于爱的环境之中的话，那么，对于他的心灵的发育是一件幸事，就如同一粒丢在沃土中的种子会茁壮成长一样，他的心灵也会本然地、茁壮地成长。然而，人类社会并非全是沃土，当孩子们存在于"不爱"的环境之中时，幼小的心灵是容易受伤的，这种时候，心灵往往会建立起一个幻象，一个包含有强大、勇敢等内容的"我"的幻象，并时刻关注着它，又或通过这样那样的方式去维护它，甚或建设它，也就是说，心灵成为它亲手制造的"我"的奴隶，心灵处于"扭曲"之中，进而痛。假如喜欢的话，我们可以将心灵这样的状态称为假性精神分裂，相应的人们称为假性精神分裂者，当死亡意识发生而我们的心灵对之加以拒斥的时候，"永不死"自然地加入"我"的内容之中去，进而，假性精神分裂者成为了之前所提及的精神分裂者。当然，就如精神分裂者一样，基于各种不同因素的影响，假性精神分裂者的表现也是多种多样的。另外，假如我们的心灵对死亡不加以拒斥的话，"我"就会消失，爱自然出现，假性精神分裂者或精神分裂者蜕变为爱者。当然，这里要指出的是，心灵所关注的"我"与由头脑产生的自我意识中的"我"并不是同一个东西，前者是被制造的"我"，而后者是被发现的"我"。以上就是心灵发育与成长的大致过程。

这里要指出的是，我们都能感受到心灵的喜、心灵的怒、心灵的哀、心灵的恐惧、心灵的痛苦等，然而往往地，我们却没有能将心灵作为一个器官去把握，并且以为它们是属于我们的头脑的功能；只是，当这样的时候，我们并没有什么过错，我们的头脑并没有什么过错，因为，有些东西，你感受到就感受到了，感受不到就感受不到了；对心灵作为一个器官的感知不需要通过我们的思考，不需要通过我们的研究，而只需要通过我们的直觉，我们头脑的直觉。实际上，作为器官的心灵是以"场"这样的一种形态存在的这样一个观点的提出还只是一个推测、一种假说，尚有待我们的进一步验证，假如我们有兴趣对其进行验证的话。

我们的选择——也即决定，是行动之前的东西——是由我们的心灵所做出的，而非通常所认为的那样是由我们的头脑所做出的，就是说，头脑只可能产生动机，尽管有的时候，头脑在我们的选择与行动之间可能发挥着"桥梁"的作用，当然，假如愿意的话，我们可以将心灵的选择的功能称之为自由意志；心灵是能量的调配者，尽管作为能量的调配者它并不是唯一的；心灵是一个感受器，是我们的情感以及情感取向的感受器，也就是说，我们的喜、怒、哀、乐、焦虑、恐惧以及喜欢、厌恶等感受是属于我们的心灵的，另外，我们的自卑、自信及信心等也不是头脑的感受，它们同样是属于我们的心灵的感受。而且，心灵的感受有这样的特点，那就是，当我们喜的时候，我们可以选择表现得好像怒一样，但我们不可能同时是怒的，就如同当我们的舌头感受着甜的时候它不可能同时感受着苦一样，如此类推。再者，我们的态度——而非看法、世界观、价值观又或人生观等（这些属于头脑的东西）——同样是属于心灵的，比如我们的接纳，比如我们的包容、关注、担心、执着等。心灵在民航服务中十分重要，它包含服务心理学、服务美学、服务艺术学、服务伦理学及文艺学等诸多学科，是一个多元的、多样的、多层的知识结构。从美学角度来看，即是感性学。

鲍姆嘉通认为美学就是感性学，他从两个方面做了阐释：一是他把美学规定为研究人感性认识的学科。鲍姆嘉通认为人的心理活动分知、情、意三方面。"知"，即知识，获知；"情"，即情感；"意"即意志、意识、道德。他认为研究知或人的理性认识有逻辑学，研究人的意志有伦理学，而研究人的情感即相当于人感性认识则应有"Aesthetic"。"Aesthetic"一词来自希腊文，意思是"感性学"，后来翻译成汉语就成了"美学"。二是鲍姆嘉通认为"美学对象就是感性认识的完善"。在这里，可以说感性认识的完善发自人的心灵。因此，感性认识的完善应该渗透在民航服务艺术之中。

 【案例链接】

真情服务我最棒

据川航报道：一位乘务员在执行西宁—浦东的飞行任务，头等舱来了一位年轻妈妈带着一周岁左右的小宝宝。平飞后她发现这位年轻妈妈的神情有些晕机的迹象，上前询问确认就是晕机了，于是帮她把通风口调整到最大，快速地回到服务间取来小瓶装矿泉水给她，但是没一会儿那位年轻妈妈旅客突然开始呕吐，她赶紧帮这位妈妈多准备了一个呕吐袋，抱起了小宝宝，小宝宝哇哇大哭，她抱在怀里哄起了孩子。等孩子妈妈从洗手间出来，她把孩子安放在旁边空座位上，并垫好了枕头毛毯，方便妈妈照看孩子，还为她准备热毛巾擦拭，并为孩子冲好了奶粉，孩子吃上了奶粉也止住了啼哭逐渐入睡，看着宝宝睡着了，年轻妈妈心情也没有之前那么焦躁了，晕机症状也有所缓解了，连声道谢。

这位乘务员为他人着想，正如她所说："我也是孩子的妈妈，理解带孩子的心情，离飞机着陆还有一些时间，我为她调整好座椅靠背，盖上毛毯。"又是在一堆的谢谢声中，年轻妈妈也睡着了。作为一名乘务员始终应以旅客的需求为核心，想旅客所想，致力提供满意服务。

这个案例体现了民航客舱服务中的艺术心灵之美，其心灵之美来自服务人员的心理与生理的共鸣，她是位母亲，又是位服务人员，感性和理性达到高度统一，使她完善感性认识，达到了至善至美。这就是心灵美。

三、心灵与艺术陶冶

艺术是一种心灵的东西，它能够起到教育功能和人格提升作用。自古以来，我国就是通过发展艺术教育，提升民众文化艺术修养，达到"科技和艺术相结合"，创造出了符合现代社会"审美"要求的全面的人才。艺术的目的就是养心，文化的功能就是化人，民航服务人员接受文化和艺术的熏陶、感染，是提升服务质量，提高艺术审美的重要途径。

艺术陶冶，怡情养性也。陶冶指制作陶器和冶金；也有教化裁成之意，修养品格。《荀子·王制》："故泽人足乎木，山人足乎鱼，农夫不斲削、不陶冶而足械用，工贾不耕田而足菽粟。"艺术陶冶，实际上是用艺术陶冶自己的心灵，是对艺术的一种鉴赏，是人们在接触艺术作品过程中产生的审美评价和审美享受活动，也是人们通过艺术形象、"意境"去认识客观世界的一种思维活动。"意境"是艺术辩证法的基本范畴之一，也是美学中所要研究的重要问题。意境是属于主观范畴的"意"与属于客观范畴的"境"二者结合的一种艺术境界。这一艺术辩证法范畴内容极为丰富，"意"是情与理的统一，"境"是形与神的统一。在两个统一过程中，情理、形神相互渗透，相互制约，就形成了"意境"。

书法艺术既是一种形学，又是一种心画，"意"与"法"构成了书法艺术的两个重要主体。因此小楷并非是楷书的缩小，小楷崇尚一种平和简静，萧散自然的气息，它以筋骨立形，以神情润色，形质得之于法而有据，性情得之于心而难名。

意境是指抒情性作品中呈现的那种情景交融、虚实相生、活跃着生命律动的韵味无穷的诗意空间。或意境是指抒情性作品中所呈现那种情景交融、虚实相生的形象系统，及其所诱发和开拓的审美想象空间。它同文学典型一样，也是文学形象的高级形态之一。如果典型是以单个形象而论的话，意境则是由若干形象构成的形象体系，是以整体形象出现的文学形象的高级形态。

心灵艺术在人的精神领域里起了很大的作用，它不仅能够指引人们对美的事物追求与向往，而且还可以寄托人内心的情感和夙愿。艺术鉴赏以具有美的属性的艺术作品为对象，并伴随着复杂的情感运动。实际上是人类审美活动的一种高级、特殊的形式。

那么，民航服务人员要具备对艺术的鉴赏能力，才能实现民航服务艺术的目的。如何培养自己的艺术鉴赏能力呢？民航服务人员在工作中如同艺术家，并且具备艺术家的特性。民航服务人员从事民航服务艺术创造需具备以下特点：一是具备良好心态、艺术修养；二是具备独特的艺术思维（敏锐的观察力和发现的目光、独到的感受力和丰富的艺术想象力）。三是具有独特的记忆力和精湛的艺术技巧。

【案例链接】

国航"感受二十四节气魅力"

2017 年中国二十四节气入选联合国非物质文化遗产代表作名录，于是，航空公司将节气、美食、诗词、书法融为一体。休息室在每一节气推出两道与节气相关的时令菜品，同时挂置对应的节气牌匾。入舱旅客也可以通过介绍节气的明信片等小物件理解节气文化并留念。通过对节气知识的介绍和讲解，不仅从味觉上让旅客满足，更在视觉上给旅客带来享受，心灵上带来触动。经过不断的调整和改善，民航服务人员将"二十四节气养生菜"推广至国航上海浦东国内休息室，针对不同节气经过反复推敲，确定了二十四节气的靓汤品种，为每一位来到休息室的旅客送上"一碗热汤的温暖"（见图6-2）。

图6-2　服务人员为旅客送上二十四节气靓汤

第二节　民航服务中的心灵美

心灵美 （spiritual beauty） 也称"精神美""内心美""灵魂美""境界美"。人的精神世界的美，是属于社会学范畴的。柏拉图说"心灵的优美与身体的优美和谐一致"是

"最美的境界"，这是"心灵美"一词的发端。

中国古代将心灵美称作"内秀""性善""仁""诚"等。孔子提出"里仁为美"，墨子认为"务善则美"，孟子认为"充实善信"是美德之人，只有善的、诚实的、有学问的人，心灵才是美的。那么，除了艺术陶冶外，心灵美从何而来？民航服务艺术中心灵美如何培育？这是本节要解决的问题。人类在长期的思维活动中形成了一种习惯，面对任何事物总想问：它是谁？它从何处来？它因何而动？总希望将任何事情都纳入因果关系之中，只有这样，人类的理性才会得到满足。我们知道，艺术起源于模仿、游戏、情感、巫术和劳动，这是艺术在发生时期，人类尚未形成明确的审美心理，人们仅仅依靠原始的本能无意识进行创作，表现手段也极其原始。但是这是由人类审美心理决定的，尽管有制约性，它依然是人类创造的艺术。因为艺术形式与人类的审美心理是统一的，随着时代的发展、艺术也在发展。那么，心灵美如何而来？它是与艺术并行的，是与审美心理有密切关系的。

民航服务艺术是由艺术形式来呈现的，艺术形式是由审美心理所决定的，反过来新艺术形式的出现又会建立新的审美心理，二者之间是互动的。审美心理包含心灵、意识、直觉、感觉、经验、情感……

任何一种艺术形式必须符合时代、地域的审美心理，这在生活中处处可见。例如，中国人认为松树是美的，因为它伟岸、坚强。然而，古希腊、罗马人却以松柏为丑，因为它象征着阴森、恐怖和死亡，因为在温暖的地中海，松树无法张扬它的个性。又例如，中国人认为青蛙是很可爱的小生灵，因为青蛙能使人联想到田园风光、农家之乐，"小桥流水人家"，能唤起丰收的希望，"稻花香里说丰年，听取蛙声一片"。俄罗斯人却认为青蛙是丑陋的。再例如，中国人认为荷花是美的，是"出淤泥而不染"的"凌波仙子"；而日本人却以它为丑，污浊、轻浮，因为日本人存在樱花情结，欣赏轰轰烈烈的殉难和悲壮。在这里我们是按空间差异进行比较的，同样地，我们按时间的差异，也可以找到审美心理决定艺术形式、美丑形式的例证。

对于民航服务而言，心灵美就是"务善则美"。在服务艺术中创作符合人们审美心理的艺术形式，追求真善美的境界，就是民航服务艺术形式。

【案例链接】

在飞机上遇到的感动

民航资源网 2017 年 1 月 5 日消息：航班上遇到旅客过生日，川航乘务员都会不遗余力地给旅客一个惊喜。乘务员陈润龙了解到 5A 座的尹先生将于明天度过自己 70 岁的寿辰，而此时距离明天已不足 2 小时了。乘务长陈绮思将头等舱富余的餐食和自己的机组餐组合成一份生日礼物，同时将一张精美的贺卡也递送到尹先生面前。

还有，昆明—西安航班，上客期间导游悄悄咨询飞机上有没有生日快乐歌，因为今天是 6D 座的吕先生的生日，他们整个团队想一起给他唱个生日歌。听到这个计划后，乘务组也决定参与，利用飞机上富余的面条、茶水、饮料、点心等，准备了生日大餐。随后，乘务组将生日礼物缓缓推出，机上旅客一起唱着《生日快乐》，毫无心理准备的吕先生被这一情景感动。

以上案例说明了民航服务中已经开始重视服务的多样化，追求符合人们审美心理和审美需求的艺术形式。

在万米高空的民航服务工作中，还有这样一群"心理辅导师"，他们用美丽的心灵感染着每一位旅客。

【案例链接】

空姐：我们是空中"心理辅导师"

民航资源网消息：在很多旅客眼中，乘务员不过是空中的服务员，她们根据工作程序迎接旅客乘机，提醒旅客关闭手机系好安全带，给旅客发放餐食，迎送旅客离开机舱，只不过乘务员比大巴导乘、餐馆服务员等岗位素质要求更高端，对相貌、语言有更突出的要求，其服务本质未变。不少乘务员对其自身也是这般定位。中国南方航空股份有限公司（简称"南航"）广西分公司乘务长蒋芳却不这么认为，她觉得乘务员除了向旅客提供常规的客舱服务外，还可以通过用心的观察使服务更细微和多元，比如可以化身空中"心理辅导师"，体察旅客乘机的不适情绪，让旅客有更好的飞行体验，同时更确保飞行安全。

察言观色　劝服旅客放弃自杀念头

2018 年 5 月底，在执行航班任务中，蒋芳看到一位坐在经济舱的中年男旅客眼睛通红，表情呆滞地将餐食放置一旁，"他肯定有什么难言之隐，但碍于身边旅客众多，不好哭出声音"，蒋芳吩咐徒弟要对这名旅客多留意。

当这名旅客起身想上洗手间时，徒弟请他到前舱使用头等舱洗手间。果然，这位旅客在头等舱洗手间待了许久，出来时已是一副哭泣过的神情。

蒋芳亲切地请他坐在头等舱的空位上，为他递上一杯温水，对他说：您不要把我当乘务员，我和您年纪差不多，也遇到不少生活压力，如果您信任我，就把我当朋友，咱们好好聊聊天。这名旅客主动和蒋芳说了他的经历。原来，他家中出事，一时想不开，想乘飞机到青岛跳海。蒋芳一路上轻声细语，婉言相劝失意男子，直至他答应不会再有轻生的念头，并帮他买好返程机票。

善解人意　安抚癫痫患者快乐乘机

另一次飞行任务中，蒋芳看到一名女士在乘机中神情紧张、紧紧靠着旁边的爱人。蒋芳向其询问："请问我能帮您什么吗？"这名女士的爱人告诉蒋芳：他的妻子是一名间歇性癫痫患者，很害怕坐飞机。蒋芳微笑地对这位女士说：您看您已经系好安全带，而我什么都没有系还要在客舱里走来走去，所以可见在飞机上也没有什么不安全的。同时蒋芳还协调旁边的旅客与该女士调换位置，让原本坐在靠窗的女士坐在靠过道位置上，这样她看不到高空的乌云心里就踏实多了。

蒋芳利用发放餐食的间隙与这位女士聊天："东西好吃吗？你长得这么漂亮，皮肤又白，老公又这么疼爱你，真是幸福的女人。"这位女士听到蒋芳的夸奖，立马开心得笑起来。下飞机时她特意邀请蒋芳与她合影留念，感谢蒋芳给予她的完美乘机体验。

和声细语　聆听中年父亲丧子之痛

蒋芳刚成为乘务员时，在北京到桂林的航班上，她一心想着要面带笑脸热心地为旅客服务。可当她微笑着数次走过一中年男士旅客旁边时，却总是看到他漠然苍白的脸。蒋芳以为自己的工作没做到位，便走上前问这位先生有什么需要帮助。男士面无表情地说：你们谁都帮不了我，儿子走了，谁也救不回。听到旅客说出这一噩耗，蒋芳一下子没反应过来该怎么安慰，她刚工作没有任何安抚旅客的经验，而且白发人送黑发人的丧子之痛亦不是常人能体会。蒋芳给这位父亲递上一杯温水，静静地坐在他旁边的空位上，像是陪伴一位痛苦的长辈。这位父亲似乎也感受到蒋芳的关心，长叹一声说："我儿子很懂事，今年刚考上名牌大学，他和同学结伴去桂林玩，哪知却在漓江溺水，我这次去桂林就是去见已经阴阳相隔的儿子。"老人边说边哭，蒋芳赶紧把纸巾递上。老人说："真的很感谢，这些天老伴身体已经撑不了，我在她面前不敢哭，今天有人听我倾诉和发泄，真的很感谢。"

蒋芳常跟徒弟说，在飞行中只要拿出 5%的精力来观察、关注旅客的表情及情绪，就能以细微的心理服务超越旅客对乘务工作常规的期待，让他们在高空感受到心理的释放，并最终对服务工作产生心灵归属感。提到如何才能从旅客的表情观察其心理，蒋芳认为把旅客当亲人来对待是最好的方式，蒋芳说："我们总是能轻易感受到亲人的一些情绪，因为我们在乎他们，熟悉他们。所以把旅客当成亲人来对待，自然会习惯去认真感受旅客的高兴与难过，于是便能更好地开展工作。"

美丽是可以创造的，在任何条件下都可以，只要你具有一颗善良的心，一颗美丽的心，便可以创造美丽。美，在拈花一笑间在心灵上产生，美在觉悟的刹那间在心灵上产生，一念成美，一念成丑，全看刹那间的心灵是否美丽。

民航服务人员不仅拥有靓丽的外表，而且拥有美丽的心灵。他们急旅客所急，想旅客所想，在平凡的工作岗位上坚守着初心，如图 6-3 所示。

图6-3　民航服务人员为旅客提供暖心服务

【案例链接】

深圳机场地服工作人员暖心陪伴暑运"无陪儿童"

据中国民航网 2018 年 9 月报道：在暑运出行高峰期的深圳机场，还有这样一群特殊的小旅客：身穿黄色小马甲，没有父母陪伴，独自乘机。他们，就是"无陪儿童"。今年暑运期间，深圳机场的工作人员和这些小旅客之间，发生了许多暖心的故事，如图 6-4 所示。

图6-4　深圳机场地服人员暖心服务"无陪儿童"

家长航班"晚到"　机场工作人员悉心陪娃 9 小时

8 月 30 日凌晨，来自深圳机场地服公司的接机员徐欧像往常一样，接到了从乌鲁木齐飞来的 HU7743 航班上的"无陪儿童"，并陪着他们在航站楼等待前来接机的家长。随着时间一点点过去，其他孩子陆续被家长接走，可有一位小旅客的家长却迟迟未出现。

"我们在现场等了一个多小时，那个小男孩还是没有人来接。我其实能够感觉到孩子是很着急的，于是就过去问他。"徐欧回忆道，经过询问，孩子的父母因为出差不在深圳，而来接孩子的姥姥、姥爷本计划从福州坐飞机来与孩子汇合，结果航班在福州延误，无法及时赶到深圳。

"因为当时已经是凌晨了，我发现孩子也比较疲惫，在现场等着也不是办法，我就想着一定要先给他找个休息的地方。"徐欧将这名小旅客带到员工休息室休息。为了缓解孩子焦虑的心情，徐欧还拿出手机让他和家人视频。见到视频里的家人，小旅客不安的情绪终于得到了放松；而看到孩子被妥善地安排在员工休息室，视频对面的姥姥、姥爷则显得十分开心，连连向工作人员道谢。

在之后的等待中，机场地服工作人员利用休息时间，轮番陪着小旅客玩游戏、聊旅途中的趣事，小旅客也渐渐和大家"打成一片"。当天上午 10 点，在连续 9 个小时的悉心陪伴后，小旅客终于等到了来接自己的家人。

机场工作人员下班陪玩 被小旅客赞"超级暖男"

对深圳机场地服工作人员们来说，与"无陪儿童"的相处不仅仅只是工作，更多的是一份责任和关爱。

8月末，适逢暑假结束、学校陆续开学，深圳机场迎来"无陪儿童"返乡高峰。30日当天，由于天气原因，一架从深圳飞往成都的航班迟迟不能起飞。面对该航班上众多的"无陪"小旅客，问询员张词伟决定推迟自己的下班时间，留下来照顾在问询室休息的孩子们。

作为一名"奶爸"，张词伟陪着孩子们下象棋、聊天，还给孩子们安排了可口的餐食和饮料。在孩子们小憩时，他又准备好毛毯，担心小旅客们着凉。由于航班延误，家长们十分担心孩子，张词伟就实时给家长发送孩子们的照片。看到孩子们在休息室玩得开心，家长们也纷纷为"奶爸"点赞。

"有的小朋友会叫我'超级暖男'，听到他们'小大人儿'似的评价我觉得特有意思、特别开心。"张词伟说，家长们有时还会送来感谢信，对我们的"无陪儿童"服务表示感谢，但这其实都是我们应该做的。

第三节　民航服务中的真善美

真，古法与"正"同，属于伦理范畴。"真"的构型和本义，许慎《说文解字》认为上部是一个人，中间是"目"字，表示眼睛，下面的"一"字和"八"合并表示仙人登天乘坐的器具，合起来表示一个得道升天的人。《说文解字》中解释此真之本义也，诚实，无言真实者。《大雅》考慎其相笺皆云：诚也。慎训诚者，其字从真。人必诚而后敬，不诚未有能敬者也。敬者慎之第二义，诚者慎之第一义。犹如胸有成竹一词的意义，便是"正"气。无论毛笋、竹叶或是竹节，无须执迷于形色，总之是竹的精神。所以即使用墨来画，虽黑色，却更是翠竹的气象。

善，即美，在中国古代，"善"与"美"并无二致。《说文解字》解释为：善：吉也。吉：善也。总之一切的善、美、吉，都是自然自在之象。对一片竹叶，可以讲它是真（正），是善，是美，它的一概品德，无非是善，无非是美，无非是自然。善字的用法，在古时庶几于如今的"美""好""妙"等，可以说"善哉""善知识""善学问"。后世逐渐单用"善"字表示道德，曰"善良"。其实善即是良，良也就是善。善的前提根本就是正（此处不是"真"），惟有正的伦理、道德，才能称作"善"。如果按照《说文解字》中"吉"的解法，"善"还包含了"吉"祥的征兆。

美，在古代是与"善"同根、同源、同一的。如今善表示道德，美也表示道德（如"美德"），但如果直接讲人，前者"善人"，乃品行良善、心地忠厚之人。真（正）、善、美的根本在于真（正）人，善人，美人的根本。

对于真善美的定义，有学者认为真，就是指价值率高且大于零的思维性价值事物；善，就是指价值率高且大于零的行为性价值事物；美，就是指价值率高且大于零的生理性价值事物。

作为真善美的反面，"假、恶、丑"分别是指价值率高且小于零的思维性价值事物、行为性价值事物和生理性价值事物。

掌握真善美的本质与价值特征，对于深入了解人类社会的价值运动规律具有重要意义。

关于真、善、美典型的观点有如下几种：

一则认为"真是指认识符合客观实际；善是指善行，是指人的行为对群体的价值；美是客体作用于主体，使主体产生一种精神上愉悦的体验"。这类观点把真、善、美的内涵分属于（真理）事实、（行为）价值、精神体验三个完全不同的主观和客观的哲学范畴。

二则认为"真者智力之理想，善者意志之理想，美者感情之理想"；"人的认识活动追求真，人的意志活动追求善，人的情感活动追求美"。这类观点是把真、善、美分属于认识、意志和情感三个不同性质的范畴。

三则认为"真、善、美，分别是指知识价值、道德价值与审美价值，属于精神价值"。这类观点并没有把所有的价值囊括在真、善、美的内涵之中。

四则认为"真善美都是主客体的统一：真是主体认识与客体相符合；善是人们的行为与主体利益相符合；美是客体特性与主体本质力量的和谐统一"。事实上，价值本身就是主体与客体的统一，它来自主体与客观的相互作用，因此真善美必然产生于主客体的统一。　我们从"与客体相符合""与主体利益相符合""与主体本质力量的和谐统一"来看，实际上是同一个含义的不同表述方式。换言之，对于社会、集体和个人来说，检验和判断真善美的客观判断标准分别是社会生产力、集体生产力和个人劳动能力。个人属于集体的一部分，判断个人劳动能力大小的客观标准是集体生产力；集体属于社会的一部分，判断集体生产力大小的客观标准是社会生产力。由此可得真善美的最终判断标准。在民航服务艺术中，真善美尤为重要，它昭示着我国民航业的发展具有中华传统美德的基本精神做支撑。

民航服务中的真善美，是反映中华民族特质和风貌的具有浓郁的民族文化审美特征，是华夏民族历史上各种思想文化、观念形态的总体表征。其内涵很丰富：其一，真实，真情、真诚，善良善解人意，心灵美丽；其二，完美的、完全的、知行合一；其三，是哲学范畴的真理性、科学性和正确性。

在民航服务中，真情服务是弘扬"真"，这里所说的真，有两方面的含义：一是真诚、情感真切。二是哲学认识论意义上的真，即真理性的认识。真理是对客观事物本质和规律的正确认识。求真就是在科学理论与方法的指导下，不断认识事物的本质，把握事物的规律。作为对客观必然性的正确认识，"真"表明人摆脱了愚昧、无知和迷信，意味着人的一种自由状态。

首先，真情服务就是以旅客为核心，全身心投入的服务。民航员工对旅客的服务，应该像对家人、亲人般的真诚和热情；对旅客的微笑，应该是会心的微笑；对旅客的关心，应该是无微不至的关心；对旅客的照顾，应该是贴心的照顾。这种真心实意是自觉自愿地把服务当作快乐、满足和价值追求。这种真情服务，充满激情、涌动热情、满怀豪情，也是在践行社会主义核心价值观，弘扬中华民族优秀传统文化。

其次，真情服务是符合航空运输安全运行规律和要求的服务。为了保障广大旅客的生命财产安全，国家制定了一系列安全运行法规规定，它们建立在对航空运输安全运行规律的科学认识之上，有的甚至是用血的教训换来的，需要旅客严格遵守。托运行李中不能装锂电池，随身携带的锂电池应符合相关规定；不同机型的飞机允许乘坐的应急撤离时需要他人帮助的残疾人数量应当符合相关规定；不能随意打开应急舱门和紧急滑梯，飞机起飞降落时要调直座椅靠背、打开遮阳板、收起小桌板等。真情服务不意味着不向旅客提出要求。我们要用专业知识、关爱的态度告知旅客遵守这些规定和要求。当旅客违反民航安全规定时，应该果断地加以制止。这样做，既是为了履行职责、真情服务，也是培育广大旅客尊重客观规律、尊重科学、坚持真理的科学精神。归根到底，是为了对广大旅客的生命财产安全负责。

民航服务要弘扬"善"，所谓善，就是有利于社会进步，有利于社会物质文明和精神文明发展，有利于大多数人幸福的行为。倡导真情服务理念，践行真情服务工作要求，也是在以实际行动弘扬善。

善是服务的敬业精神。敬业是职业道德的基本要求，是中华民族的传统美德。孔子曰："执事敬""事思敬""修己以敬"，强调的是做事要认真、恪尽职守。民航员工主动、热情、耐心、周到地为广大旅客提供安全、方便、快捷、舒适的航空运输服务，就是安于本分、忠于职守，热爱本职工作，这是民航人秉承的职业道德和职业操守，是在以实际行动躬行善。因此，真善美是民航服务艺术的灵魂。在面对困难的时候，民航服务人员们迎难而上，积极帮助旅客解决燃眉之急；在面对危险时，他们永远冲在旅客的面前，保证旅客的安全。疫情无情，民航服务有爱，面对突如其来的疫情，上海机场的安检和地服团队成员舍小家、保大家，日夜坚守在疫情防控第一线，体现出民航人之真善美的境界。

 【案例链接】

筑牢上海空中防线，我们义不容辞|疫情面前，这就是上海机场人

生命重于泰山！疫情就是命令！防控就是责任！看不见硝烟的战场，吓不退上海机场人的冲锋而上。因为，若有战，召必至，不折不扣，别无二话！在集团公司统一部署、统一指挥下，两大机场的安检、地服团队，日夜坚守在疫情防控防输入一线，守护上海空中门户的安全。

"这是个非常时期，大家都很辛苦，作为一名老同志，做点力所能及的事情，应该

的。"疫情发生以来，赵燕一直坚守在安检查验岗位上，如图6-5所示。工作之余，她主动承担"每日三次、每次三区域（岗位、通道、休息室）"的消毒工作，向同事们讲解卫生防护知识，指导大家正确穿脱防护服，消除大家的紧张和焦虑情绪。值得一提的是，赵燕的丈夫是国家紧急医学救援队的队员，她的女儿则是一名护士。在这个非同寻常的春节里，赵燕一家三口都冲在了防疫、抗疫的第一战线上。

"每一只口罩、每一件防护服都关乎广大群众和一线防疫工作人员的生命安全。每一项工作都是为疫情防控贡献力量。"为了更好地给防疫前线及时输送防疫物资，地服公司成立了以党员干部、业务骨干为主的"应急先锋队"24小时待命，如图6-6所示。

图6-5 赵燕坚守在安检查验岗位

图6-6 应急先锋队成员

2月7日晚，上海机场地服公司接到任务，要在第二天为一批海外侨胞捐赠的防疫物资空运至襄阳提供地面保障。疫情当前，刻不容缓。地面服务保障团队旅服、调度、机务、站坪等6大中心骨干员工在最短时间里联合制定运输流程，精准把控每一环节的时间。

从2月8日早上9点开始，大件行李安检、锁定预留机位、上百件物资的分拣搬运，所有的地面保障工作在紧张而有序的状态下陆续展开。地服公司的员工们甚至还细心地在货物外贴上了"武汉加油"的贴纸。下午1点，两架满载防疫物资的飞机顺利起飞，本次应急物资保障工作圆满完成。

截至目前，地服公司在浦东、虹桥两场已保障包括口罩、防护服等应急防疫物资运输近585吨，保障各类防疫物资运输航班150架次。

真、善、美的含义是随着社会和艺术实践的发展变化而发展变化的。在民航的发展历史中，真善美始终是民航人恪守的美德。

【案例链接】

再远的路，也有我们为您保驾护航

2019 年 2 月 7 日消息：在 2019 年大年初一这一天，国航侯倩乘务组执行北京至深圳的航班。一切如往常一样，乘务组为旅客提供热情周到的服务。正在这时，一位旅客突然非常紧急地告诉乘务员他的家人需要硝酸甘油片，乘务长侯倩得知消息后迅速做出判断，明确乘务组分工，抓住黄金时间以最快的速度为旅客提供帮助，并安抚旅客情绪。与此同时，一位好心的旅客拿出一瓶速效救心丸给患者旅客使用，经得两方同意之下，患者旅客选择使用速效救心丸，三分钟左右患者旅客表示自己已经好多了，乘务员观察该旅客面色也好了很多。其同行家属告知乘务员该旅客患有焦虑症，乘务员耐心安抚该旅客并持续关注这名旅客的身体状况。患病旅客及家人非常感谢乘务组在大年初一的照顾与关心，如图6-7 所示。

在过年期间平安送每位旅客回家团年，与家人相聚，这是一件无比幸福激动的事，乘务组在遇到医疗事件时能保持沉着冷静，是因为平日里乘务员们都会时常复习机上医疗相关知识，以防医疗事件发生时不知所措。侯倩乘务组在处置时没有一丝慌乱，也让其他目睹事件的旅客感受到民航服务人员的专业素质和美好心灵。乘务员如同蓝天上的白衣天使，在空中为旅客护航，守护每位旅客的生命安全。

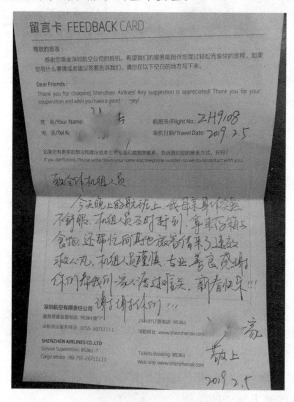

图6-7　旅客的感谢留言

思考题

1．心灵美与民航服务的关系是怎样的？为什么要强调民航服务工作者必须有为职业而献身的精神？

2．结合具体事例谈谈民航服务艺术应当具有哪些方面的修养和审美创造能力。

3．心灵美产生的条件是什么？为什么心灵美是民航服务艺术必须具有的？

4．什么是意识？什么是潜意识？潜意识有哪些特征？潜意识与意识的关系是怎样的？

5．什么是真善美？三者之间的关系怎样？如何在民航服务中体现真善美？

第七章 民航服务艺术功能与艺术教育

艺术功能在生活中发挥着极为重要的作用，艺术与哲学、政治、宗教、伦理学、美学等意识形态有着必然的联系，它起着维系社会道德的纽带作用，有着强烈的社会功利的目的。艺术在总体上是服务于社会，以社会功能为本体的。它是一个系统，是一种道德，是一种沟通体系，是一种交换结构。那么，随着社会的发展，艺术功能的内涵与外延成为美学范畴重要的内容及表现形式。它所具有的认知、教育和审美功能，贯穿于整个社会的方方面面，在民航服务中艺术功能更具审美特色。

第一节 民航服务的艺术功能

民航服务的艺术功能，是民航服务艺术实现真善美的载体，是维系旅客旅行生活秩序、艺术审美、认知教育的灵魂。民航服务面对的是一个社会环境和公共场所，服务人员需要具有艺术素养、服务技能与艺术创造性，在民航服务中既要塑造自身形象，又要传递中华民族之美德，体现真、善、美之艺术涵养。

一、艺术功能的内涵

艺术功能是指艺术在人类实践活动的变迁发展和个人的不断社会化的过程中所起的能动作用。艺术一经生产，就对人类生活发生着积极的促进作用。艺术功能表现在：艺术家在特定艺术领域的艺术创造过程中，一是以积极的、审美的创作心理进入艺术生产形态，创作优秀的艺术成果，为社会塑造积极的、富有生命力的艺术形象，以此实现艺术寓教于乐功能。二是创造美的、有价值的符合道德规范艺术作品，为社会服务，起到教化作用的教育功能。这里需要指出的是功能，是指事物或方法所发挥的有利作用、效能。功能是一种行为模式，通过此行为，使某物实现了它的目的。

民航服务人员服务便是一种行为模式，技能便是一种功效，以高超的技能实现服务目的，关键在于技能的掌握，在于服务人员在品质、知识和经验等方面积累。因此，品质、知识、经验这三种因素相互作用形成一个特殊的服务艺术方式，如营造民航服务社会环境、协调社会关系、传承文化、提供娱乐等。这里需要指出的是民航服务功能，既包含企业能够满足某种需求的一种属性，也包含满足使用者现实需求的属性，而满足使用者潜在需求的属性也是功能。那么，民航服务艺术基于两者的需求，提出艺术功能是民航服务的基本功能，它的内涵与外延具有美学属性，在民航服务中，同样贯穿着认知、教育和审美的艺术功能。

实际上，民航服务即是特殊的艺术生产形态，是服务人员将职业技能、职业素养与美好心灵赋予艺术性，成为艺术创作行为或创作成果，给予人们对美的理解。当然也包括，艺术家创作的作品。近年来，民航业非常重视环境的艺术营造，如飞机客舱、机场、候机场所均有戏剧、绘画、影视艺术作品的呈现。

二、民航服务的审美娱乐功能

审美娱乐是艺术活动的重要组成部分，其功能主要是指人在艺术审美活动中，能够使身心得到调节，精神获得愉悦。艺术审美娱乐功能的另一个作用，是使劳动者通过艺术欣赏得到积极的休息，从而以新的精力去投入新的工作。对于生产力中最活跃的因素——人来说，无论是体力劳动还是脑力劳动，都需要在紧张的劳动之余，通过休息和娱乐来消除疲劳，从而以更加充沛的精力去从事新的生产劳动。这可谓是艺术起源说的"游戏说"，游戏说是关于艺术（或者说文明）起源的重要学说之一，代表人物有康德、席勒、谷鲁斯。最早从理论上系统阐述游戏说的是德国哲学家康德，他认为艺术是"自由的游戏"，其本质特征就是无目的合目的性或自由的合目的性。席勒认为，人的艺术活动是一种以审美外观为对象的游戏冲动。席勒在康德的基础上更进一步，认为"过剩精力"是文艺与游戏产生的共同生理基础。德国学者谷鲁斯认为过剩精力说难以解释人在游戏类型上的选择性和殚思竭虑、废寝忘食的专注，他还认为游戏有隐含的实用目的，艺术活动可以归结为"内模仿"的心理活动，它在本质上与游戏相通。游戏发生说的贡献在于突出了艺术的无功利性，但是把艺术的起源归于游戏又过于简单化。游戏说试图从心理学、生物学和生理学的角度揭示艺术发生的奥秘，无疑是十分必要的，它将精神上的"自由"看作是艺术创造的核心，席勒把感性的人变为理性的人，先使人成为审美的人，只有审美才是人实现精神解放和完美人性的先决条件。在他看来，人身上有两种相反的要求，一个叫"感性冲动"，它产生于人的自然存在或感性本质；另一个叫"理性冲动"，它产生于人的绝对存在或理性本质。由于人本来就具有物质和精神、感情和理智两个方面，所以这两种冲动都是人的天性，只不过在近代文明社会中，将人的这两种天性分裂开来了。完美的人应当是它们二者和谐的统一。因此，席勒指出，需要有第三种冲动即"游戏冲动"来作为桥梁，将二者有机地统一起来，使人成为具有完美人性的真正的人。席勒在《美育书简》中还把体、智、德、美四项教育并提，使美育具有了独立的地位和任务。

民航服务艺术审美娱乐是人们通过艺术欣赏达到心灵自由、精神偷悦的效果。艺术的审美娱乐功能必须通过其审美价值才能实现。审美价值是艺术的核心，它发源于艺术形象、艺术情感和形式美学。民航服务人员要接近艺术、在艺术中陶醉，正是因为艺术具有这种不可抗拒的魅力——艺术为人们提供一个情感抒发和心灵放飞蓝天。

在艺术作品中，意境是指抒情性作品中呈现的那种情景交融、虚实相生、活跃着生命律动的韵味无穷的诗意空间。在日常生活中，我们常常用"意境"这个词。比如说，一首诗很好，我们就说："这首诗很有意境。"一幅画很好，我们就说："这幅画很有意境。"甚至看完一场电影，走出电影院，我们也会听到有人议论："今天的电影很有意境。"但是尽管大家都在用这个词，对于究竟什么是意境，很多人并没有搞得很清楚。意境的结构特征是虚实相生。意境由两部分组成：一部分是"如在眼前"的较实的因素，称为"实境"；一部分是"见于言外"的较虚的部分，称为"虚境"。虚境是实境的升华，体现着实境创造的意向和目的，体现着整个意境的艺术品位和审美效果，制约着实境的创造和描写，处于意境结构中的灵魂、统帅地位。但是，虚境不能凭空产生，它必须以实境为载体，落实到实境的具体描绘上。总之，虚境通过实境来表现，实境在虚境的统摄下来加工，这就是虚实相生的意境的结构原理。

意境的本质特征是"生命律动"，即展示生命本身的美。在我们中华民族的审美心理结构中，是把宇宙境界与艺术意境视为浑然一体的同构关系。由于宇宙本身就是一种生命形式，诗人对宇宙境界的体验就是一种生命律动的体验，而意境恰恰就是这种生命律动的表现。人心虽小，但可以装得下整个宇宙。诗人之心，本身就是宇宙的创化，他可以映射宇宙的诗心、宇宙的灵气。因此我们说，艺术意境本质上是一种心理现象，一种人类心灵的生命律动。文学意境作为一种人类心灵的生命律动，有三个特点：表真挚之情、状飞动之趣、传万物之灵趣。

所以艺术具有审美娱乐功能。人们通过艺术熏陶，达到艺术的审美娱乐功能，这是一个宽阔的领域。因为艺术样式的多样性、艺术境界的多层次和观众的复杂性，人们从艺术中得到的审美娱乐也不尽相同。有的人欣赏歌剧，有的人喜欢文学，有的人偏爱高雅艺术，有的人惯于通俗艺术。不同民族、不同时代的人们也会有不同的艺术趣味——这也是艺术样式变迁与革新的内部根据。欧洲艺术史上从巴洛克艺术到洛可可艺术的转变就证明了这一点。但是，有一点是相同的，那就是人们在艺术中都找到了自己所渴望得到的审美娱乐。这是艺术生生不息、奔腾向前的内在动力。

艺术是自由的、审美的，同时也是具有寓教于乐功能的。这是艺术审美娱乐功能实现的另一种方式。作为民航服务，人们在旅行中需要休息以缓和疲劳，恢复精力。那么，通过艺术鉴赏达到审美愉悦的目的，是一种艺术生活方式。人们在客舱看电影，听音乐，画画，读书，获得审美感受，实现心理愉悦。近些年来，为了能够更好地提升旅客空中旅途中的机上娱乐服务体验感，世界各大航空公司都在努力探索，尝试用多样化的审美娱乐方式在空中娱乐服务的艺术创造方面有所创新和突破。阿联酋航空公司为旅客提供了超过3500个频道的电影、电视节目、音乐和游戏供乘机的旅客进行选择；新西兰航空公司不仅为旅客提供了传统的影音频道，还特别针对中国旅客，在中国飞往新西兰的航班上增加了爱奇艺频道，旅客可以通过爱奇艺频道点播他们喜欢的内容；法国航空公司运用机上VR技术，为旅客打造沉浸式娱乐系统。让旅客可以通过虚拟现实头显播放3D、2D的电影以及电视剧，使旅客能够在万米高空中看到就具有沉浸式的电影；中国南方航空股份有限公司在新的娱乐系统中，特别设置了"儿童天地"频道，集合了适合儿童旅客的电影、音乐、游戏等，界面生动活泼富有童趣，深受乘机小朋友喜爱。上海虹桥机场也通过航站楼内的艺术化装饰、多元化的人文艺术体验活动等开展"元旦迎新"系列主题活动，为来往虹桥机场的旅客们营造具有艺术审美特性的新年氛围，让他们拥有审美愉悦的旅行。这正是艺术的审美娱乐功能。

 【案例链接】

艺术体验萦绕旅途 虹桥机场预热春运
虹桥机场开展"元旦迎新"系列主题活动

　　据上海机场（集团）有限公司报道：正值岁末年初，虹桥机场全面迎来了"元旦迎新"系列主题活动，通过新年氛围营造、旅客艺术体验活动、商业推广互动等多种形式，为即将到来的2020年春运"热身"，为往来上海机场的旅客呈现多元化人文艺术体验。

　　12月20日傍晚，虹桥机场2号航站楼出发候机大厅中央"银河畅想曲"空间艺术景观下，伴随着悠扬的钢琴和弦乐声，芭蕾舞者翩翩起舞吸引了往来旅客驻足欣赏，这场名为"钢琴和芭蕾的艺术对话"的专场演出活动，拉开了虹桥机场"元旦迎新"系列主题活动的帷幕。作为虹桥机场2019年度压轴的旅客艺术体验项目，虹桥机场采用室内演出和旅客互动的形式，通过钢琴和芭蕾的"对话"、指尖与足尖的"交锋"，将芭蕾舞和钢琴、西洋乐器、民族乐器等多种风格音乐演奏形式进行跨界融合、互动表演。依托2号航站楼一线品牌大道钢琴吧区域现有的空间艺术装置和镜面舞台，带给旅客独特新颖的艺术观感——"舞动的音乐诗"，如图7-1所示。在一个半小时内为候机旅客呈现近15首钢琴和弦乐的现场组合演奏，形成动静结合、新颖独特的艺术盛宴，为旅客献上听觉和视觉的双重享受。演出中场间隙，虹桥机场为旅客带来一场儿童芭蕾舞表演，并现场邀请旅客参与钢琴弹奏、箱鼓、CONGO等打击乐现场教学互动、体验音乐与光影的交错。

图7-1 艺术体验迎新："舞动"的音乐诗

2019 年即将接近尾声，虹桥机场也因地制宜开展新年主题布置，在航站楼出发大厅主要出入口的门楣上方妆点花环、彩球等喜庆装饰，营造浓郁的新年氛围。结合航班分布特点，1 号航站楼国际及地区出发大厅以水晶树为元素、2 号航站楼以上海市花白玉兰为元素，打造新年机场靓丽的海派风景线。值得一提的是，在虹桥机场 2 号航站楼值机大厅南侧屹立着一朵高达近 7 米的"水晶玉兰花"，晶莹剔透、含苞待放，该景观采用 LED 软屏技术实现光影艺术，通过内部的静态装饰与外围的动态视频相结合，将作为节日氛围营造的重要载体，带给旅客一场美轮美奂的视觉体验，也将成为深受旅客喜爱的合影打卡点，如图 7-2 所示。

图7-2　主题景观迎新："市花"闪耀虹桥

三、民航服务的审美认识功能

审美认识功能是指人们在艺术鉴赏中获得的对社会、自然、人生以及哲学、宗教等方面的认识。艺术不仅具有审美价值，也拥有认识价值。艺术的审美认识功能必须通过艺术形象来认识社会、自然的本质，达到对社会自然的深层观察，其审美价值才能实现。没有审美价值，再丰富的知识也无法成为艺术，更不可能发挥审美认识作用。

在第六章中谈到孔子所说的"诗可以兴，可以观，可以群，可以怨。迩之事父，远之事君；多识于鸟兽草木之名。"（《论语·阳货》）从这段话里可以知道，孔子已经清晰地意识到艺术的审美认识功能。艺术是生活的百科全书，它集哲学、宗教、科学、文学于一体。许多艺术作品揭示了不同时期、不同民族的历史、文化与生活方式。如宋代张择端的《清明上河图》描绘了京都汴梁的风貌，各色人物、车在画卷上，为宋史研究提供了可信的材料。再如《红楼梦》，小说涉及了上至皇妃，下到乞丐的数百位人物。就学科而言，它包含了哲学、佛教、园林、烹饪、服饰、宴会礼仪、医药、法术、诗词歌赋等各个方面，还有民俗、官场、乡村等社会生活场景。曹雪芹在《红楼梦》里几乎描写了清朝整个社会百态。即使在抒情性极强的诗歌里也有历史价值突出的作品。如杜甫的《三吏》《三别》记录了唐代社会重大事件。在民航客舱服务中，也不乏这样的艺术作品，通过审美的认识功能，引起社会大众的观察、思考和同行的共鸣。如 2011 年上映的电视系列专题片《中国空姐》，从历史传承篇、中国空姐的首要职责篇、空姐的热情服务篇、空姐的成长历练篇四篇，以真人真事的纪录片形式反映了中国空姐的工作和生活，呈现了一批爱岗敬业、无私奉献的先进人物，讲述了一个又一个生动感人的精彩故事。还有一些电影，如《紧急迫降》《美国空姐》《萨利机长》《中国机长》等，一些电视剧，如《冲上云霄》《甜心空姐》等，一些书籍，如《我要当空姐》《机长的一万天》等，在客观记录的同时，融入了艺术家的主观思考，也从不同的侧面记录和反映了民航人的工作与生活。这些作品不仅为社会大众普及了相关的民航知识，让他们对民航人有了全新的认识，也引发了很多民航界人士的心灵共振。

三、民航服务的审美教育功能

审美教育功能是指人们在艺术鉴赏中自然而然地接受某种思想、观念、情感或倾向等方面的影响。

艺术的审美价值使它成为最有力的传播媒介。因此，在人类生活中，艺术往往承担着教化的作用。人们早就认识到艺术的审美教育功能，孔子提出"礼乐相济"的教育思想，强调了"乐"的教育功能。柏拉图意识到艺术价值的"魔力"，担心荷马诗歌的情感力量会冲决理性大堤，他认为，"我们必须尽力使儿童最初听到的故事要做得顶好，可以培养品德"。艺术是为了培养品德，这是柏拉图的基本思想。亚里士多德也认为艺术具有教育功能，他说悲剧可以使人"净化"——这正是通过艺术鉴赏达到的精神提升。贺拉斯全面地论述了艺术的审美教育功能："诗人的愿望应该是给人益处和乐趣，他写的东西应该给人以快感，同时对生活有帮助。在你教育人的时候，话要说得简短，使听的人容易接受，容易牢固地记在心里……寓教于乐，既劝谕读者，又使他喜爱，才能符合众望。"寓教于乐是艺术审美教育功能的重要特征。

艺术具有教育功能，但艺术不是道德教材或布道书，它的教育功能隐藏在审美价值之后。宗教巧妙地利用了艺术的审美教育功能，创造了宗教艺术。不管基督教、佛教还是伊斯兰教，都创作了大量围绕教义的艺术作品。以佛教艺术为例，佛经故事、佛教壁画、佛教雕塑和佛教建筑的影响也许比佛经更大。中国的佛教艺术遍及大江南北，如龙门石窟、云冈石窟及敦煌壁画和雕塑、乐山大佛以及数不胜数的寺庙。乐山大佛以整座山开凿而成，大佛的耳朵可容两人，他的脚上可坐百余人。面对岷江、青衣江和大渡河汇合处开阔的江面，目光宁静而悠远。乐山大佛本身就能让人感到佛的庄严与慈悲。宗教就这样利用艺术的审美教育功能宣传它的教义。

民航服务同样也巧妙地利用了艺术的审美教育功能。民航服务人员的服务图片展、民航题材的影片、民航服务人员的故事、民航机场和机上开展的各类文化艺术活动等，既给旅行者带来赏心悦目的感受，又能让旅客欣赏民航服务人员的美的形象和美的思想，感受到民航服务艺术和中华传统文化的博大精深。

 【案例链接】

厦门航空特色航班开启"红色之旅"

据中工网报道：厦航乘务团队以蓝天为舞台，以"飞鹭党小组"为执行任务单位，依托上海、井冈山、福州、遵义、北京、长沙等航线，立足"红色航线"，用好"红色资源"，讲好"红色故事"，传播"红色基因"，传承"红色精神"，精心策划推出"精神的追寻"主题教育"五红"特色航班，把弘扬红船精神、井冈山精神、古田会议精神、长征精神、西柏坡精神融入特色航班服务之中，开启了一系列"红色之旅"。

航班中，飞鹭党小组成员通过"党史竞猜""我想对党说""感怀革命先烈"等环节与机上旅客进行互动，喜闻乐见、生动活泼的形式，让旅客对我们党的光辉历程、伟大成就有了更直观的了解。近期，在"重庆—井冈山"主题教育特色航班上，乘务组通过组织机上特色活动，与旅客一同在蓝天中回顾初心，忆往昔峥嵘岁月。航班上新颖的活动形式，受到广大旅客的喜爱，不少旅客被客舱的氛围所感染，积极参与到互动活动当中，表达自己的爱党爱国之情。

在"我想对党说"环节，作为一名老党员，旅客孙先生激动地写下了"在党的坚强领导下，为实现中华民族的伟大复兴梦贡献力量，贡献价值"，如图7-3所示。

还有一名刚刚大学毕业的女孩郑重地写下了"今年我要入党，加油"，表达了加入中国共产党的坚定决心和追求优秀的美好愿望。据女孩介绍，一直以来，加入中国共产党都是她的奋斗目标，非常开心能够通过乘坐厦航的航班将自己的愿望表达出来。

在特色航班的服务中，在与旅客的沟通交流中，在与旅客的互动活动中，厦航的乘务员们将客舱服务的审美教育功能展现得淋漓尽致。

图7-3　审美教育功能在客舱的呈现

　　艺术的审美教育功能是通过艺术审美特征实现的，因此，艺术的审美价值越高，它的教育功能就越强；反之，如果只注意教育功能，忽略了艺术的审美价值，那么它的教育功能也就无法实现。思想、道德等观念必须融在艺术的有机整体之中，才会具有审美价值。假如把思想和道德生硬地加进艺术作品，就会破坏艺术作品的审美价值，也就不可能发挥审美教育功能。

　　剪纸是一种镂空艺术，其在视觉上给人以透空的感觉和艺术享受。其载体可以是纸张、金银箔、树皮、树叶、布、皮、革等片状材料。剪纸在中国是一种历史悠久、流传很广的民间艺术形式。剪纸，顾名思义就是用剪刀将纸剪成各种各样的图案，如窗花、门笺、墙花、顶棚花、灯花等。这种民俗艺术的产生和流传与中国农村的节日风俗有着密切关系，逢年过节抑或新婚喜庆，人们把美丽鲜艳的剪纸贴在雪白的窗纸或明亮的玻璃窗上、墙上、门上、灯笼上，节日的气氛便被渲染得非常浓郁喜庆（见图7-4）。

图7-5　剪纸

　　剪纸的内容很多，寓意很广。娃娃、葫芦、莲花等图案象征多子，中国农民认为多子便会多福；家禽家畜和瓜果鱼虫等因与农民生活息息相关，也是剪纸表现的重要内容。作为民间艺术的剪纸，具有很强的地域特点：陕西窗花风格粗犷豪放；河北和山西剪纸秀美艳丽；宜兴剪纸华丽工整；南通剪纸秀丽玲珑。剪纸虽然制作简便，造型简单，由于其能够充分反映百姓的生活内涵，具有浓郁的民俗特色，是中国农村众多民间美术形式的浓缩与夸张。从对剪纸的了解中，可以了解中国民间美术的其他方面。

　　剪纸的艺术功能在唐代十分独特。唐代剪纸已处于大发展时期，杜甫《彭衙行》诗中有"暖汤濯我足，翦纸招我魂"的句子，以剪纸招魂的风俗当时就已流传民间。唐朝的崔道融的诗中有这样的诗句："欲剪宜春字，春寒人剪刀。"这里所讲的"宜春帖子"，也就是现在人们所熟悉的剪纸。唐朝的李商隐诗："镂金作胜传荆俗，剪彩为人起晋风"。剪彩也就是剪纸。现藏于大英博物馆的唐代剪纸均可看出当时剪纸手工艺术水平已极高，画面构图完整。唐代流行颔，其镂花木版纹样具有剪纸特色，如现藏日本正仓院的"对羊"，其羊的纹样就是典型的剪纸手工艺术表现手法。唐代民间还出现了利用剪纸形式制作的漏版印花板，人们用厚纸雕刻成花版，将染料漏印到布匹上，形成美丽的图案。另外，在敦煌莫高窟也出土过唐代及五代的剪纸，如《双鹿塔》《群塔与鹿》《佛塔》等都属于"功德花纸"一类，主要是用来敬供佛像，装饰殿堂、道场。其画面构图复杂，有具体的内容，此外还有《菩萨立像》《持幡菩萨立像》等水墨画镂空剪纸，是剪纸与绘画相结合的作品。

民间剪纸之所以能够得以长久广泛流传，纳福迎祥的表现功能是其主要原因。地域的封闭和文化的局限，以及自然灾害等逆境的侵扰，激发了人们对美满幸福生活的渴求。人们祈求丰衣足食、人丁兴旺、健康长寿、万事如意，这种朴素的愿望，便借托剪纸传达出来。民间剪纸《鹿鹤同春》是民间传统的主题纹样。据记载，鹤即"玄鸟"，玄鸟是"候鸟"的总称。在民间文化中鹿称为"候兽"，鹤称为"候鸟"，鹿鹤同春是春天和生命的象征。民间鹿与禄同音，鹤又被视为长寿的大鸟，因此鹿与鹤在一起又有福禄长寿之意。在民间社会生产力相对低下的情况下，人力劳动成为生存的保证，摆脱病魔和死亡的痛苦是人们永恒的理想。民间剪纸以各种形式表达出对生命的渴望，袒护生命，颂扬生命，表现生的欢乐，对生命的崇拜成为人们虔诚的信仰。

祈求生命的观念为民间剪纸赋予了不竭的血液和旺盛的生命活力。剪纸的创作者对待富足与幸福，总是怀有着坚定乐观的信念，绵延不断的希望，剪纸正是他们创造美好生活理想的外在呈现。民间剪纸将这些吉祥寓意融入各种民族事项活动中，来满足广大民众精神心理上的需要，以扶持人类的生存，充实人类的生活。在民间剪纸中我们可以看到许多反映生产生活的画面，这些作品有着一个最大的相同点，就是对主体进行的夸大，大大的鱼，大大的辣椒，大大的蚕，大大的谷粒等，通过剪纸，人们虚构了美好的形象，来慰藉自己的心灵，来张扬人征服自然的伟大创造力，以建立自己的理想世界，并肯定人的力量，鼓舞人们继续奋斗。民间剪纸的表现语言不是简单的平铺直叙，而是托物寄语，借用那些约定俗成的观念化形象，来寄托人们对美好生活的向往，对吉祥幸福的期盼。种种质朴的怪诞而又包含率真至美的剪纸造型，来源于原始的视觉思维方式和民间审美观念；来自有程式体系和意象造像组成的独特造型体系；来自中国的本原哲学和世界观，更具有感人的艺术魅力。剪纸艺术作品在民航的一些特色航班中也会呈现。例如中国国际航空股份有限公司西南分公司客舱部用带有"福"字的非物质文化遗产剪纸作品装饰客舱。红色剪纸象征着喜庆、热烈，红红火火，散发着浓郁的节日气息，营造了民航客舱春节传统节日文化氛围。

【案例链接】

国航西南蓝色旅途乘务组春节特色航班喜迎新春

　　民航资源网报道：2018 年 2 月 16 日，农历大年初一，在成都—深圳的航班上，国航西南分公司客舱部全国青年文明号蓝色旅途乘务组，用大红色的，各种形状的，各具特色的剪纸作品布置客舱，如图 7-5 所示，还挂上了中国结和憨态可掬的玩偶狗，为旅客营造了"犬迎五福春，流芳精神满客舱"为主题的春节航班，不仅给每位乘机的旅客营造了一个难忘而快乐的空中之旅，还宣传了春节的传统文化，营造出了春节喜庆的节日气氛，如图 7-6 所示。

图7-5　乘务员用剪纸作品布置客舱

图7-6　客舱里的剪纸作品

　　艺术的审美娱乐功能、审美认识功能和审美教育功能是相互联系不能割裂的。其中，审美娱乐功能是艺术最基本的功能。没有审美娱乐，审美认识和审美教育也就失去了立足之地。艺术的本性在于其审美特征，失去了审美价值也就失去了艺术存在的支点。所以，艺术的社会功能必须尊重艺术的审美特性。艺术只有具备了审美价值和审美特性，它的社会功能才有可能得以实现。同样，民航服务艺术正如艺术作品一样，具有艺术的审美娱乐功能、审美认识功能和审美教育功能。更重要的是，民航服务人才的培养应该重视艺术教育，只有艺术教育才能提升服务行业人才的审美能力。

第二节　民航服务的艺术教育

艺术教育是以文学、音乐、美术等为艺术手段和内容的审美教育活动。艺术教育能够推动民航服务人才的培育，进而促进民航服务艺术的发展。民航服务人才的审美情趣、艺术鉴赏以及创作能力等都是艺术教育培育的成果。民航服务人才所获取艺术教育越多，其文化及艺术修养的提升就会越快，在民航服务中展示的服务美感以及进行的服务艺术创作等会随之增多。长此以来，旅客所获得的民航服务人员为其带来的审美体验就会越丰富，对民航服务的满意程度就会越高。

一、艺术教育的内涵

艺术教育自古便有，可追溯到孔子的"不学诗，无以言"（《论语·季氏》）。艺术教育主要通过指导人们进行艺术创造、艺术鉴赏等活动，实现美育的最终目标。具体而言，它包含：一是普及艺术的基本知识，提高人的艺术修养。当代社会中几乎人人都离不开艺术，但要真正具备较高的艺术修养，需要掌握艺术的基本知识和基本原理，在艺术欣赏中不断提高鉴赏能力和审美能力，把欣赏中的感性经验上升为理性认识。因为艺术欣赏本身就是一种再创造和再评价，只有欣赏者具有较高的欣赏能力，通晓艺术的基本知识，才能从更高的起点去欣赏艺术作品。二是健全审美心理结构，充分发挥人的想象力和创造力。艺术活动作为人的一种高级精神活动，能够极大地促进人的思维能力的发展，通过艺术教育，可以培养人敏锐的感知力和丰富的想象力，提高创造力。三是陶冶人的情操，培养完美的人格。艺术教育是最具以情感人、以情动人等特点的美育手段。

狭义的艺术教育指专门艺术人才的培养，如各种艺术学校，音乐学院、美术学院、电影学院、工艺美术学院、戏剧学院、戏曲学院、文学院等，它们为专业艺术团体输送人才。广义的艺术教育指大众艺术教育。这里所说的艺术教育，主要取广义之说。

在《论语》中常常可以看到孔子师徒弹琴弄乐的故事。席勒在《美育书简》中还把体、智、德、美四项教育并提，使美育具有了独立的地位和任务。亚里士多德也把艺术教育当作教育的一个重要方面。在长达两千年的历史中，艺术教育一直作为道德教育的补充而存在。20世纪初，蔡元培先生提出"以美育代宗教"的教育思想，这在中国艺术教育史上具有重大意义。

二、我国艺术教育的由来与发展

20 世纪初，蔡元培、王国维等人将"美育"这一概念引入中国。1919 年，蔡元培发表的《文化运动不要忘了美育》一文里明确地提出了：国民塑造、文化进步和社会变革都亟待美育的发达。其发表的《美育实施的方法》一文里也提出：美育是终生的，分家庭教育、学校教育、社会教育三大部分，施行的层次、步骤多样。起初由建筑、雕刻、图画等都要美的胎教院、育婴院、幼稚园完成，然后是小学如音乐、图画、运动、文学等专属美育教学课程完成，最后由普通教育转到专门艺术教育学校。不常在学校或已离开者，则由美展会、音乐会、影戏馆、植物园、动物园等专设机关进行社会美育。这篇文章对于今天的美育课程设置有重要的借鉴价值。

近些年来，美育再次引起人们的关注，我们可以将美育理解为艺术教育。1993 年，《中国教育改革和发展纲要》和之后提出的教育改革的实施意见中都提出：高校教育要培养德才兼备和高素质的人才，将美育贯彻到教育方针中去，进一步确立了美育在当前教育中的重要地位。1999 年，全国第三次教育工作会议上，明确了我们的教育方针是要使学生"德、智、体、美"得到全面发展，这是素质教育的基石。

21 世纪以来，国家对艺术教育的发展做出了明确的规定和要求。2002 年，教育部印发的《全国学校艺术教育发展规划（2001—2010 年）的通知》中指出：艺术教育是党的教育方针的重要方面，是素质教育的有机组成部分，对于培养高素质人才具有不可替代的作用。推进艺术教育创新，增强艺术教育活力。原国务院总理温家宝曾强调：我们教育的目的是培养德智体美全面发展的优秀人才，特别是拔尖人才。原中共中央政治局常委、国务院副总理李岚清也曾经说过：美育是全面发展素质教育的重要组成部分，对培养跨世纪的德智体等全面发展的社会主义事业的建设者和接班人有着重要意义，必须加强美育。2014 年 1 月，《教育部关于推进学校艺术教育发展的若干意见》中指出：实施素质教育，改进美育教学，提高学生审美和人文素养，促进学生健康成长。2015 年 9 月，国务院办公厅印发《关于全面加强和改进学校美育工作的意见》中提出：到 2020 年初步形成"大中小幼美育相互衔接、课堂教学和课外活动相互结合、普及教育与专业教育相互促进、学校美育和社会家庭美育相互联系的具有中国特色的现代化美育体系"。对于学校美育工作而言，这是具有里程碑意义的文件，其中提出的具体措施，对于促进学校美育工作具有重要的现实意义。2006 年教育部规定每名大学生必须选修 1 门艺术课。2018 年 8 月，习近平给中央美术学院老教授回信强调：做好美育工作弘扬中华美育精神，让祖国青年一代身心都健康成长。2018 年 9 月，习近平在全国教育大会的讲话中，明确指出：坚持中国特色社会主义教育发展道路 培养德智体美劳全面发展的社会主义建设者和接班人。2019 年 4 月，教育部印发《关于切实加强新时代高等学校美育工作的意见》指出，学校美育是培根铸魂的工作，提高学生的审美和人文素养，全面加强和改进美育是高等教育当前和今后一个时期的重要任务。强调，高校美育要以艺术教育的改革发展为重点，紧紧围绕高校普及艺术教育、专业艺术教育和艺术师范教育三个重点领域，大力加强和改进美育教育教学，遵循美育特点，弘扬中华美育精神，以美育人、以美化人，以美培元，培养德智体美劳全面发展的社会主义建设者和接班人。普通高校要强化面向全体学生的普及艺术教育。完善课程教学、实践活动、校园文化、艺术展演"四位一体"的普及艺术教育推进机制。规范公共艺术课程，加强公共艺术课程教材建设，修订《全国普通高等学校公共艺术课程指导方案》。各高校要明确普及艺术教育管理机构，把公共艺术课程与艺术实践纳入高校人才培养方案，纳入学校教学计划，实行学分制管理，鼓励高校开展学生跨校选修公共艺术课程和学分互认。这一文件，对新时代高校美育改革发展提出了明确要求，使高校美育工作有据可循、有规可依，为构建德智体美劳全面培养的教育体系，形成更高水平的人才培养体系提供了重要保障。

艺术教育是建设教育强国不可或缺的组成部分，是培养德智体美劳全面发展的社会主义建设者和接班人的必修之课，也是实现中国民族伟大复兴的中国梦的必由之路。因此，艺术教育与人的发展是关键所在。

三、艺术教育与人的发展

艺术教育是关于人的全面发展审美教育的一门学科，美育教育的中心是艺术。蔡元培是中国近现代美育的倡导者，主张从家庭教育、学校教育、社会教育三方面实施美育，设想通过胎教院、育婴院、幼稚园三级机构实施学前儿童美育：把胎教作为美育的起点；让婴儿及其母亲生活在由自然美和艺术美构成的环境之中；认为幼稚园的美育一方面通过舞蹈、唱歌、手工等"美育的专题"进行，另一方面则要充分利用其他课内涵的美育因素。

蔡元培的教育模式新颖，不拘一格，认为教育是国家兴旺之根本，是国家富强之根基。他的教育思想灵活，兼容并包，不因学术争议而排斥，广泛吸收各家所长。"教育者，养成人格之事业也。"他主张教育应注重学生，反对呆板僵化。他还提倡美育、健康教育、人格教育等新的教育观念。

蔡元培为人宽厚、恻隐为怀，对中国社会及陋俗有透彻观察；两度游学欧洲、亲炙文艺复兴后的科学精神及法国大革命后的思潮。他提倡民权与女权，倡导自由思想，致力革除"读书为官"的旧俗，开科学研究风气，重视公民道德教育及附带的世界观、人生观、美学教育。他认为美育教育是进行世界观教育最重要的途径，是人们从现象世界通向实体世界所必经的桥梁。

关于人的发展，必将探讨境界等问题。境界既是指人的思想觉悟和精神修养，也是自我修持的能力，即修为，人生感悟，其可表现一个人的思想境界如何，实际上指的是一个人的思想觉悟和精神修养的水平如何。

在日常的生活中，人们的思想觉悟和精神修养总是不一样的，可作为社会中的普遍的价值取向，人们总希望自己是一个有较高思想觉悟和良好精神修养的人，以便体现自己在整个生活中的位置。一个人的经历和悟性最终决定了他的人生境界。道家中的境界其实是指精神上的境界。

清代鸿儒王国维在其著作《人间词话》里谈道："古之成大事业，大学问者，必经过三种之境界。"

第一种境界："昨夜西风凋碧树。独上高楼，望尽天涯路。"这词句出晏殊的《蝶恋花》，原意是说，"我"上高楼眺望所见的更为萧飒的秋景，西风黄叶，山阔水长，案书何达？在王国维此句中解成，做学问成大事业者，首先要有执着的追求，登高望远，瞰察路径，明确目标与方向，了解事物的概貌。

第二种境界："衣带渐宽终不悔，为伊消得人憔悴。"这句引用的是北宋柳永《蝶恋花》最后两句词，原词是表现作者对爱的艰辛和爱的无悔。若把"伊"字理解为词人所追求的理想和毕生从事的事业，亦无不可。王国维则别出心裁，以此两句来比喻成大事业、大学问者，不是轻而易举，随便可得的，必须坚定不移，经过一番辛勤劳动，废寝忘食，孜孜以求，直至人瘦带宽也不后悔。

第三种境界："众里寻他千百度，蓦然回首，那人却在，灯火阑珊处。"这句是引用南宋辛弃疾《青玉案》词中的最后四句。梁启超称此词"自怜幽独，伤心人别有怀抱"。这是借词喻事，与文学赏析已无交涉。王国维已先自表明，"吾人可以无劳纠葛"。他以此词最后的四句为"境界"之第三，即最终最高境界。这虽不是辛弃疾的原意，但也可以引出悠悠的远意，做学问、成大事业者，要达到第三境界，必须有专注的精神，反复追寻、研究，下足功夫，自然会豁然贯通，有所发现，有所发明。王国维的《人间词话》还从其他角度对"境界"进行了阐述和划分。

哲学家冯友兰在《新原人》一书中曾说，人与其他动物的不同，在于人做某事时，他了解他在做什么，并且自觉地在做。正是这种觉解，使他正在做的事对于他有了意义。他做各种事有各种意义，各种意义合成一个整体，就构成他的人生境界。不同的人可能做相同的事，但是各人的见解程度不同，所做的事对于他们也就各有不同的意义。每个人各有自己的人生境界，与其他任何个人的都不完全相同。

四、民航服务与艺术教育

早在 20 世纪 40 年代末，中国民航业已经开始重视艺术教育，提出服务艺术理念"五勤、四好、三不怕、四心、五主动"，其服务意识造就了无数优秀的民航服务人才。今天，艺术教育在民航企业文化中成为核心内容。艺术教育是中华传统文化，世代相承，在不同行业，艺术教育深入人心。就民航来说，从培育民航人才的民航院校到民航机场再到民航企业，民航业非常注重对于服务人才开展艺术教育。在民航服务中，艺术教育的成果也不断涌现。

艺术教育包括艺术理论学习和艺术作品欣赏。艺术理论学习主要是为了增进审美能力，培育审美素质，提高艺术鉴赏水平，它以艺术的基础知识、基本原理、艺术鉴赏为主要内容。艺术作品欣赏是一种日常化活动，唱歌、跳舞、看电影、读小说，甚至居室布置，都是艺术欣赏活动。艺术创作训练主要是为了培养动手参与艺术创作的能力，了解艺术创作的基本规律，学会以艺术方式表达自己的情感和思考，它以艺术实践为主要内容。当然，艺术创作训练也需要一定的艺术理论知识。

如对音乐的学习，音乐是一门"时间艺术"，因为它展现过程需要一个时间；音乐也是一门"听觉艺术"，一门"表演艺术"，因为它必须通过表演来呈现音乐的审美特性，即旋律、节奏、和声等音乐形态之美；音乐还是一门"表现艺术"，因为它要用旋律来塑造形象，启迪人们的灵魂，激发人们的想象力，从而达到审美效果。

【案例链接】

国航迎藏历新年

民航资源网 2019 年 2 月 5 日消息：2 月 5 日，国航西南分公司 CA4401 航班"万米高空齐相聚，共庆藏历新年，扎西德勒"活动取得了圆满成功。全体乘务组在万米高空与各位旅客朋友们共度了一个欢乐喜庆的藏历新年，如图 7-7 所示。

图7-7　国航迎藏历新年

乘务组为了让出门在外的旅客们在这万米高空上也能一起相聚，欢庆藏历新年，并带给大家不一样的机上过年回忆，在这样的背景下，国航西南客舱管理二部为大家准备了丰富多彩的娱乐节目，通过游戏互动和即兴表演和大家一起共享藏历新年的喜庆和欢乐！

组员们都洋溢着笑脸登上了飞机，喜悦而又谨慎，在这年关丝毫不马虎，随即进行了安全检查工作，对氧气瓶、灭火瓶等应急设备进行了检查，把安全两字最大限度地落实，以最饱满的精神状态迎接旅客。正常服务程序完成后，伴随着优美的《吉祥藏历年》，机舱广播里响起了播报员磁性的声音"女士们，先生们，欢迎您选乘中国国际航空公司藏历新年航班前往拉萨，扎西德勒"，主持人靓丽登场，深情地介绍了藏历新年的风俗习惯，历史由来。旅客们听得津津有味，对藏族文化更添加了一些兴趣。接下来，身着藏族服饰的藏族乘务员林华、索朗卓玛以最美好的姿态出现在旅客面前，她们的穿着大方而得体，将国航空姐的范儿展现得淋漓尽致，并以藏族习俗的方式向各位旅客表达了祝福，此时此刻，封闭的客舱内被温暖和幸福填满了，藏汉两族同胞的脸上尽是喜悦。一些旅客甚至有站起来跳藏族舞蹈的意愿，不过，考虑到飞行安全，主持人让大家唱歌来表达喜悦之情，整个客舱好不热闹。、不一会，广播里响起了大家耳熟能详的藏语歌曲，客舱的气氛也在这个时候达到了高潮，大家一齐唱着藏族歌，无论他们是哪个民族，无论他们去拉萨是探亲访友，回家团聚，亦或是旅游赏玩，此时此刻，他们都深深地感到了藏族文化的魅力，有的人甚至潸然泪下。青稞酒徐徐奉上，正如那句歌词所言："银碗里盛满了真情哦，浓浓的真情，团结和谐迎来藏历新年。"在一片祥和的气氛中，乘务人员奉上了洁白的哈达，表达了机组人员对各位旅客朋友最诚挚的祝福。欢乐的时光总是那么短暂，飞机还有10分钟就开始下降了，组员们在广播的指示下站在通道中向旅客们深情的致谢，向旅客表达了深深的新年祝福，旅客们也不约而同地鼓起掌来。

客机缓缓降落在拉萨机场，带着对本次愉快的航班旅途的留恋，旅客们徐徐下机。

乘务长黄雪颖最后总结，通过本次活动，乘务组成员受益匪浅，更加深了对旅客服务的理解。旅客们很积极地参与了活动，这足以看出此类活动对于调动旅客情绪，展现航空公司文化软实力的重要作用，让五湖四海的旅客朋友们更加认可国航服务。

民航服务人员要具有艺术素养，要学习艺术理论，培养自身的艺术鉴赏力，也可以自己动手参与艺术创作。艺术理论学习，主要指艺术门类的学习，包括文学、绘画、音乐、舞蹈、雕塑、戏剧、建筑、电影八大类别。

言及艺术各门类，对于民航服务人员的职业素养的提升是十分重要的，其中文学是语言文字的艺术（文学是由语言文字构组而成的，开拓无言之境），往往是文化的重要表现形式，以不同的形式（称作体裁）表现内心和再现一定时期，一定地域的社会生活。

绘画是一种在二维的平面上以手工方式临摹自然的艺术，是空间艺术，主要是在一定的空间用色彩、线条、造型等艺术语言创造具有艺术内涵、情感表的达静态的艺术艺术品。但是，绘画物化结构的特性使得绘画具有了艺术生命力和魅力。绘画艺术是人类在物质材料中实现自我，如纸张、石头、金属、木材等给无生命的物质材料赋予活生生的生命。一方面对于绘画艺术的鉴赏能够丰富自己的想象力，培养对绘画艺术语言的认知，更能达到理解绘画的艺术意蕴和审美的能力。另一方面，绘画艺术思想内涵深刻，具有教育、宣传和审美功能。在民航业绘画艺术既反映现实生活，又可抒发人的情感，还可宣传企业文化、弘扬中华传统文化。例如，山东航空公司"孔子文化主题飞机"的客舱舱壁及行李架上绘制的就是弘扬孔子思想的孔子图像及其语录，客舱成为宣传和传播齐鲁文化的阵地，如图7-8所示。

图7-11　绘制孔子图像及其语录的客舱舱壁及行李架

【案例链接】

东航行李查询员谢梦雅：愿世界充满光亮

民航资源网2020年2月23日报道：2月20日，东航江苏公司第五次运送医护人员和物资驰援武汉。区别于往常，这次值机柜台和登机口摆放着几幅漫画，画中各个岗位的东航人在向着最美逆行者们致敬，如图7-9，吸引了许多医护人员驻足观看和拍照。

这些画的作者是东航江苏公司地面服务部行李查询分部的一名"90后"女孩——谢梦雅。

认真的人最可贵

"她是个好员工，也是个好同事。"提到谢梦雅，她的分部经理张月赞不绝口。

从2013年进入公司以来，谢梦雅无论是从事一线的行李查询工作，还是参与办公室的行政工作，"从不抱怨""工作质量高""踏实"都是同事们对她工作的一致评价。公司几次执行包机任务都恰巧上班的她，总是快速完成手头工作后立即深入第一线，帮助核对行李，讨论如何快速方便地分拣装卸。有时医疗队携带的物资较多，需要临时增派飞机并将物资固定在客舱座椅上专门运送。谢梦雅帮忙出了很多主意：固定每车的件数、统一摆放方式、以调整装卸方式和人数，为配载平衡部门计算飞机重心留下了充足的时间余量。

去年，谢梦雅的母亲动了一次手术。直到手术当天，她才向部门请了假。手术完成后，她仍然是每天上班，晚上回去和自己的双胞胎姐姐倒班照顾母亲。张月说，当时大家都在劝她不要给自己压那么重的担子，可以休几天假。可是她总是微笑着感谢大家的关心。

图7-9　谢梦雅致敬逆行者漫画

一年后，再谈起这件事，谢梦雅有些不好意思地说："也没有什么别的原因，只是自己的工作，不想麻烦别人。"

对世界充满善意

有点绘画才艺的谢梦雅大学时期在学生会宣传部工作。疫情发生后，她第一时间绘制了东航江苏版的疫情防护四宫格漫画，如图 7-10，简洁易懂又妙趣横生。在参与过两次包机任务保障工作后，她感动于医护人员的英勇逆行，再次拿起画笔，伏案绘制直到凌晨。

图7-10 谢梦雅疫情防护漫画

　　谢梦雅说，自己的初衷很简单，参加包机保障工作是件值得骄傲的事情。但她还想要为奋战在抗疫最前线的白衣天使们做点什么，"能为他们打打气就值得了"！

同事们都说，谢梦雅是个充满善意的人，有什么事需要帮忙都会第一个想到找她。有一次，一位旅客在取行李时突然晕倒。机场航医诊断后表示，需要立即送医。谢梦雅和另一名同事照顾不停呕吐的旅客前往医院，联系亲属、帮忙照料。在旅客的女儿终于从异地赶来的时候，她正在帮旅客擦拭身体。对方不停道谢，想要给予报酬、帮忙打车，谢梦雅都笑着婉拒了。

信仰闪闪发光

谢梦雅一直有记日记的习惯。用她的话来说，记录一些值得被纪念的事情和心情，"是因为自己喜欢翻一翻过去的日记，经常会收获一些小惊喜"。在保障运送医护人员的包机任务之后，她也记录下了当时的心情："又心疼，又感动！希望勇士们平安！""如果在英雄们凯旋时，还能接到他们的行李，就完美了！"

除了绘画、写日记外，谢梦雅每年还会规划两次和家人一起的旅行。去过的所有目的地里，她最喜欢的是稻城亚丁。她说，去过之后就好像真的被洗涤过心灵一样，"我喜欢干净纯粹的东西，我也希望自己能成为这样的人"。

逆行者们应当被歌颂、被铭记，每一个在疫情中坚守住自己脚下那方土地的人也值得掌声鼓励。

他们也许平凡，但都在用自己的方式去热爱生活，热爱世界。

他们没有豪言壮语，但是心里始终装着别人。

他们可能并不站在聚光灯下，但他们每一个人认真的样子都值得被看见。

因为他们心中的世界充满光亮。

艺术创作在民航服务中是民航服务人员从事的特殊工作，每个人都有可能参与艺术创作。艺术鉴赏能力是每个民航服务人员应具备的能力，只有具备这样的能力，民航服务人员才能从自身做起，提升自己的审美情趣，塑造良好的职业形象，铸造完美的职业仪态，把自己打造成一个完美的艺术品，带给旅客更多的审美体验。例如，乌鲁木齐机场安全检查总站组织了女职工学习插花，当她们看到自己创作的插花作品时，内心对于美的认识和感知油然而生。

　【案例链接】

乌鲁木齐机场安检组织女职工学习插花

中国航空网 2019 年 3 月 13 日讯：近日，乌鲁木齐机场安全检查总站机关党支部组织女职工学习插花，为女职工们搭建了一个与花共舞、与花为伴的交流平台。

活动邀请了莲花未眠花艺中心的老师进行现场花艺制作及讲解，精心准备了忽忘我、白玫瑰、非洲菊、石竹梅、洋桔梗等花材。老师凭借丰富的插花经验，从插花工具开始，介绍了花材、叶材的修剪处理，详细地讲解了插花主题、基本造型、色彩搭配、技巧等方面的知识，并现场演示了插花的步骤，精心指导女职工们学做错落有致的插花作品，如图 7-11 所示。女职工们对插花艺术兴趣盎然，运用所学知识，经过巧妙的创意和组合，制作出一束束生机盎然、疏密有致的插花作品。活动现场花美人美，不仅是花的海洋，更是欢乐的海洋。

图7-11　乌鲁木齐机场安检女职工的插花作品

活动结束后，女职工纷纷表示，插花学习活动很有意义，不仅丰富了女职工的文化生活，在绚烂的花艺创作中体验了插花的乐趣，学习了花卉的知识，也提高了审美力和鉴赏力，并表示要把这种对美的感知、美的体验融入生活工作之中。

实际上，民航服务人员就是艺术家，其从事的职业就是艺术创造，服务技能便是艺术作品。因此，艺术技能需要审美评判、鉴赏，如此，艺术鉴赏能力的高低是艺术技能的创作的基础。拥有了艺术鉴赏的能力，就能在民航服务中为旅客带来更多的艺术作品，为旅客创造无限的惊喜，把艺术和旅客的旅行生活融为一体。遇到春节等传统节日，民航服务人员会在机场候机楼和飞机客舱布置自己亲手剪出的剪纸作品、插花作品，甚至还可以邀请旅客一同参与到这样的艺术作品的创作中。民航乘务员会在飞机客舱为旅客们带来自己精心创编的特色舞蹈，并带领长途飞行的旅客一起做起机上健身操。服务头等舱的民航服务人员，还会为旅客呈现带有艺术美感的餐食摆盘。这些都源于艺术教育对民航服务人才艺术创作及艺术鉴赏能力的培养。例如，中国南方航空股份有限公司在大兴机场开展的"大兴南航'鼠'你最旺"的迎新主题活动中，南航北京分公司的服务人员充分发挥自己的艺术才能，用音乐、绘画、舞蹈等多种艺术表现形式，与旅客开展互动交流，传播中华传统文化。

【案例链接】

大兴南航 "鼠"你最旺

国际空港信息网报道：2020 年 1 月 16 日是春运第七天，客流高峰即将到来。南航已累计执行航班 14 000 余班次，运送旅客约 228 万人次。其中，南航在大兴机场已经累计执行进出港航班 240 余班次，运送旅客约 3.82 万人次。

今天，作为大兴机场最大的主基地航空公司，南航在大兴机场首次开展了"大兴南航，鼠你最旺"迎新春主题活动，活动由南航北京分公司策划执行，以线上线下互动的方式为旅客送上诚挚的新春祝福！

2020 Happy New Year

家旺 开门红

在南航值机 C 岛旁的"网红"打卡点——C 形柱，古典悠扬的民乐表演吸引了过往旅客，如图 7-12，一曲年味儿十足的经典粤语曲目《迎春花》为旅客送上具有岭南风情的新春祝福。

图7-12 南航员工民乐表演《迎春花》

舞狮与对唱均由南航北京分公司飞机维修厂、飞行部、客舱部、机关青年员工演绎，互动过程中，"狮子"为现场旅客送出藏头对联"南斗献瑞迎春禧，航帆远扬纳福徵"，赢得了一阵阵热烈的掌声，如图 7-13。

图7-13 南航员工舞狮表演

人旺　庆丰年

在南航值机柜台旁，北京分公司精心布置了具有"鼠年"新春特色心愿墙，如图 7-14，现场旅客在心愿墙前写下新春愿望，祈求新的一年心想事成，万事如意。

图7-14　心愿墙

活动现场还布置了"大兴南航，鼠你最旺"主题打卡相框，如图 7-15，身着制服、青春靓丽的飞行员和乘务员们吸引来现场旅客热情合影留念。

图7-19　主题打卡相框

财旺　喜相逢

活动现场，北京南航地服公司的员工们正在与现场旅客一起编织丝带花，如图 7-16，这是南航的"五小"创新获奖项目。现场旅客在工作人员的亲切讲授下兴致勃勃地动手实践。丝带花象征着新春的生机勃勃，寄托了南航对每一位旅客的美好祝愿。

图7-16 南航员工与旅客一起编织带花

福旺 集好运

南航北京分公司特别邀请到了来自北京书法协会的书法家现场书写福字及对联。现场旅客通过拍照打卡，并发布带有"大兴南航，鼠你最旺"主题的朋友圈或微博，就可以获赠福字或春联，如图7-17。

图7-17 与旅客进行书法书写互动

装扮成"财神"的南航员工受到了现场旅客的热情欢迎，旅客们纷纷与"财神"用拍立得合影，现场冲洗出"沾着财气"的合照，共同祝愿鼠年好运连连，如图7-18。

图7-18 南航员工装扮成的"财神"

确保北京枢纽高质量起步是2020年南航集团"八场硬仗"之一，北京分公司将着力抓好建设一流服务品牌等"九件大事"，以坚定的信心、顽强的意志、实战的状态坚决落实好集团党组各项决策部署，为枢纽建设贡献力量！

随着现代文明的发展，艺术的独创性受到挑战。面对高度都市化、现代化时代的到来，艺术教育就显得愈为急迫。也许，只有艺术才能把人类从现代焦灼中带回诗意的家园，收复散乱无序、流离无依的情感。正如苏珊·朗格所说的："艺术教育就是情感教育，一个忽视艺术教育的社会就等于使自己的情感陷于无形式的混乱状态。"从这个意义上说，艺术教育不只是人的全面发展还有利于社会稳定。通过艺术教育，实现艺术人生。现在，西方发达国家普遍重视艺术教育。美国有一千多所大学设立了艺术系或艺术专业，日本把艺术科学和自然科学、社会科学并列为三大学科。中国也开始重视艺术教育，不少大学设立了艺术专业或艺术课程，有的大学还规定不管什么专业的学生，必须修一门艺术课程才能毕业。大学校园艺术活动也非常活跃，大学生中涌现出一大批优秀艺术人才。艺术教育正在普及和深入。

 思考题

1．简述民航服务艺术的主要功能。
2．论述艺术教育与人的全面发展的关系。
3．论述民航服务艺术的审美教育功能。
4．论述艺术教育对于民航服务发展的重要性。
5．论述民航服务人才进行艺术学习的必要性，并举例说明。

参 考 文 献

[1] 王易．修辞学通铨[M]．上海：神州国光出版社，1930．

[2] 毛泽东．在延安文艺座谈会上的讲话[M]．北京：人民文学出版社，1967．

[3] 罗丹．罗丹艺术论[M]．桂林：广西师范大学出版社，2002．

[4] 黑格尔．美学[M]．北京：商务印书馆，1979．

[5] 苏珊·朗格．艺术问题 [M]．北京：中国社会科学出版社，1983．

[6] 李泽厚，刘刚纪．中国美学史[M]．北京：中国社会科学出版社，1984．

[7] 朱立元．接受美学[M]．上海：上海人民出版社，1989．

[8] 王璐，白龙.语言艺术发声概论[M]．哈尔滨：哈尔滨工业大学出版社，1990．

[9] 肖前．马克思主义哲学原理[M]．北京：中国人民大学出版社，1994．

[10] 黄文清．服务语言艺术[M]．北京：高等教育出版社，1998．

[11] 吕景云，朱丰顺．艺术心理学新论[M]．北京：文化艺术出版社，1999．

[12] 邵静敏．现代汉语通论[M]．上海：上海教育出版社，2001．

[13] 康家珑．语言的艺术[M]．北京：海潮出版社，2003．

[14] 张同道．艺术理论教程[M]．北京：北京师范大学出版社，2003．

[15] 王宏建．艺术概论[M]．北京：文化艺术出版社，2010．

[16] 丁再献，丁蕾．东夷文化与山东：骨刻文释读[M]．北京：中国文史出版社，2012．

[17] 伍铁平．语言之妙，妙不可言[J]．外国语，1992（4）：8-13．

[18] 林逸．微笑服务与语言服务[J]．赤峰学院学报（汉文哲学社会科学版），2005（1）：92．

[19] 陈立言．面部表情及眼神的研究及其意义[J]．广西民族学院学报（自然科学版），2000，6（2）：133-135．

[20] 潘素华．"微笑服务"——现代酒店管理成功的重要标志[J]．吉林省经济管理干部学院学报，2011（1）：50-52．

[21] 郑奥文．面部表情对利他行为影响的实验研究[J]．中国健康心理学杂志，2013，21（2）：305-307．

[22] 马丽．如何培养空乘人员的亲和力[J]．科技经济导刊（科技经济与管理科学科），2016（24）：208．

[23] 鲍姆嘉通．鲍姆嘉通说美学[M]．高鹤文，祁祥德，译．武汉：华中科技大学出版社，2018．